W0228950

Michael Riehle *hat schon verschiedene DuMont Bild-atlanten fotografiert, süd-liche Ziele faszinieren ihn besonders, und mit diesem Gardasee-Bildatlas hat er ein Lieblingsprojekt ver-wirklicht.*

Der Autor **Jochen Müssig** *kennt den Gardasee seit Kindertagen. Jedes Jahr hält er sich einige Wochen dort auf – auch um alte Freund-schaften zu pflegen.*

Liebe Leserinnen, liebe Leser!

Unter uns plätschern die Wellen, wir sitzen auf Holzbohlen direkt über dem See und genießen die letzten Sonnenstrahlen des Tages. Vor uns steht ein orangefarbener Aperol, aufgefüllt mit Prosecco – *das* Aperitif-Getränk am Gardasee schlechthin. Diese Stunde am See mag ich am liebsten, wenn die sportlichen Aktivitäten des Tages hinter einem und die lauen Abendstunden noch vor einem liegen.

Lieblingsplätze am Lago

Jeder, der sich regelmäßig am Gardasee aufhält, hat seine persönlichen Lieblingsplätze. Unser Autor, Jo-chen Müssig, schwört auf das Ostufer, er favorisiert die Gegend rund um Brenzone mit dem mächtigen Monte Baldo im Hintergrund. Mich zieht es immer wieder nach Gargnano an die Westküste (dort gibt es auch die oben beschriebene einfache Bar auf den Holzbohlen am See) – dorthin, wo die hohen Berge langsam etwas zurücktreten und die Weite des Sü-dens schon fast greifbar ist. Aber ich muss zugeben, dass auch Limone, Salò, Sirmione, Malcesine oder Riva del Garda ihren ganz besonderen Reiz haben. Natürlich stellen wir Ihnen alle schönen Orte am Gardasee in diesem DuMont Bildatlas ausführlich vor.

Stadtspaziergang mit Julia

Ein Abstecher nach Verona, in die Stadt von Romeo und Julia, bietet sich vom Gardasee einfach an. Je nachdem, wo man sein Seedomizil hat, dauert es nicht viel mehr als 30 bis 60 Minuten, bis man dort ankommt, und kann sich dann getrost auf die Spu-ren des Liebespaares begeben. Jochen Müssig hat sich einer „modernen Julia" anvertraut und einen ganz besonderen Stadtspaziergang erlebt …
Lassen Sie es sich gut ergehen am Lago di Garda und im reizvollen Umland!
Herzlich

Birgit Borowski
Programmleiterin DuMont Bildatlas

Anzeige

FINEWAY
PREMIUM TRAVEL CLUB

DIE REISE BEGINNT IN DIR.

Nicht irgendein Katalog – nur Sie wissen, was Sie in Ihrem Urlaub wirklich wollen. Wenn Sie uns Ihre Gedanken verraten, kreieren wir daraus drei konkrete Vorschläge für Ihre ganz individuelle Reise. Egal, ob Sie Wüstenelefanten in der Namib aufspüren oder mit einer Yacht um Moyo Island segeln möchten – wir kümmern uns darum, dass Ihr Urlaub so wie kein anderer wird: Einzigartig.

FINEWAY.DE

106 So ein Abend an der Piazza Bra in Verona ist einfach wunderbar. Vor allem zur Festspielzeit.

Topziele

*Die bedeutendsten Sehenswürdigkeiten am Gardasee und in Verona
sowie Erlebnisse, die Sie keinesfalls versäumen dürfen, haben
wir auf dieser Seite für Sie zusammengestellt. Auf den Infoseiten
ist das jeweilige Highlight als* **TOPZIEL** *gekennzeichnet.*

ERLEBEN

1 Torbole: Morgens um halb sieben blinzeln die ersten Sonnenstrahlen über den Monte Baldo – und der Gardasee ist schon voller bunter Segel. **Seite 50**

2 Madonna di Monte Castello: Die Wallfahrtskirche aus dem 14. Jahrhundert bietet nicht zuletzt einen der schönsten Ausblicke auf den See. **Seite 68**

3 Gardesana Occidentale: Mit einem Cabrio oder einem Roller am Westufer entlang, mit herrlichem Blick auf den See, wo Olivenbäume und Zypressen das Bild bestimmen ... **Seite 67**

4 Gargnano: Der Ort wirkt verschlafen, unaufgeregt, authentisch und gilt als einer der beschaulichsten am Lago. **Seite 68**

5 „Zanardelli", „Italia": Auf der „Zanardelli" oder „Italia" – zwei in den Jahren 1903 und 1908 gebauten Schaufelraddampfern – den Gardasee zu befahren, ist ein Muss. **Seite 100**

NATUR

6 Isola del Garda: Der Gardasee in seiner schönsten Form, ein Paradies aus Blumen, Architektur und – viel Ruhe. **Seite 101**

KULTUR

7 Castel Beseno: Die größte Befestigungsanlage des Trentino geht auf das 12. Jahrhundert zurück und gehört zu den beeindruckendsten in der Region. **Seite 35**

8 Malcesine: Der Ort und seine Burg faszinierten schon Johann Wolfgang von Goethe sowie Hunderttausende nach ihm. **Seite 83**

9 Sirmione: Die Burg und die Grotten – muss man einfach gesehen haben. **Seite 100**

10 Verona: Ein Ort für Liebesgeschichten. In der Stadt an der Etsch gibt's aber auch viel zu sehen und noch mehr zu staunen. **Seite 113**

Das Leben, (k)ein Traum

So soll es sein: Im milden Licht der späten Nach-
mittagssonne am alten Hafen (hier: von Bardolino) sitzen, den Booten beim Schaukeln und den
Wellen beim Plätschern zusehen. Das Leben
genießen und einfach – sein.

Der Strand, die Surfer und der See

Gut, das mit dem Strand können Sie vergessen. Der ist hier bei Torbole nicht viel mehr als ein Mittel zum Zweck: ins Wasser zu kommen nämlich, in den großen, weiten See. Auch auf meterhohe Wellen brauchen Sie hier eher nicht zu warten – da fliegen Sie dann doch besser nach Hawaii. Aber Wind gibt es hier zuhauf, und was ein echter Surfer ist, der weiß ihn auch so gut zu nehmen: den Wind wie den See.

Der schönste Ort der Welt

....

„Ich möchte, dass Eure Exzellenz zur Kenntnis nehmen, dass San Vigilio der schönste Ort der Welt ist", sagte der Humanist und Rechtswissenschaftler Agostino Brenzone, der sich hier auf dieser kleinen Halbinsel am Ostufer des Sees zwischen Garda und Torri del Benaco im 16. Jahrhundert eine Villa errichten ließ. Und er wusste seine Meinung auch gut zu begründen: „Die ganze Welt besteht aus drei Teilen", meinte er. „Afrika, Asien und Europa. Der schönste Erdteil ist Europa, und davon ist Italien der schönste Teil, von Italien wiederum die Lombardei, und von dieser der Gardasee und an diesem San Vigilio. Ergo ist San Vigilio der schönste Ort der Welt." Wer wollte da widersprechen?

Guter Fang

....

Die Geschichte vom Fischer und seiner Frau
kennt jeder, aber nicht jede Frau ist eine Nymphe,
und nicht jeder Mann (selbst wenn manche das
kaum wahrhaben wollen) ein Gott. Dass Frauen
Männern den Kopf verdrehen, war aber schon
immer so: auch in Garda, dessen Hafen wir hier
sehen. Womit wir dann doch wieder bei einer
Nymphe wären und bei einem Gott: dem Wasser-
gott in diesem Fall. Dem nämlich soll die Nymphe
Engardia einst, man ahnt es schon, den Kopf ver-
dreht haben: worauf dieser flugs einen großen
See erschuf, um sich mit ihr darin zu tummeln.
Und dort tummeln sie sich wohl noch heute …

Es war die Nachtigall ...

... und nicht die Lerche, / Die eben jetzt dein banges Ohr durchdrang: So heißt es in Shakespeares „Romeo und Julia" (Akt 3, Szene 5). Aber was heute auf der Piazza Bra an unser Ohr dringt, ist gar kein Vogelgezwitscher, sondern schönster Gesang in den höchsten Tönen – jedenfalls dann, wenn im stimmungsvollen Rahmen der antiken Arena gleich nebenan eine Oper aufgeführt wird.

Der beste Blick

Schön, schöner am schönsten

Aussichten sind ja oftmals auch Einsichten, weil neue Blickwinkel neue Sichtweisen ermöglichen. Die hier von uns favorisierten acht Aussichten geben also auch acht Sichtweisen wieder, angefangen vom ersten Blick auf den Lago, wenn man mit dem Auto von Norden kommt, bis hin zum großen Überblick beim Paraglidingflug über den See.

① Belvedere, Torbole

Rovereto Sud – fatto! Mori, Nago – fatto! Jetzt noch eine Serpentine und dann liegt er da: il Lago di Garda. Nach ein paar Metern am ersten Parkplatz halten, von der Bar vis-à-vis ein Eis holen (leider abgepackt, aber besser als nichts ...) und den Belvedere-Ausblick genießen, über Tor-bole hinweg bis tief in den Süden. Je nach Uhrzeit und Wetter zeigt sich der See in unterschiedlichen Farbtönen von grau bis blau und rosa bis orange. Ecco! Jetzt kann der Urlaub beginnen!

Belvedere, an der SS 240 zwischen Nago und Tor-bole, www.gardatrentino.it

② Terrazza del Brivido, Tremosine

Schauderterrasse – was für ein Name! Aber diese von Menschenhand gebaute Überhangterrasse ist wirk-lich zum Schaudern und für Leute mit Höhenangst so-gar ein Gräuel. Wer aber in die Tiefe blicken kann, für den ist diese rund 400 Meter senkrecht runter zum See ein einmaliges Er-lebnis – ob nun mit oder ohne weiche Knie. Die Ter-rasse gehört zum Hotel und Restaurant Paradiso, aber man darf auch ohne Ver-zehr zum Schauen und Schaudern kommen.

Terrazza del Brivido, im Ho-tel Paradiso, Viale Europa 1, Pieve di Tremosine, www. terrazzadelbrivido.it

③ Monte Castello, Tignale

Don Giuseppe, der Pfarrer der Wallfahrtskirche, be-dankt sich jeden Tag im Ge-bet, dass er an einem der schönsten Kirchenplätze Europas wirken darf. Wer oben ist, an der Madonna di Monte Castello, weiß auch warum: Wie ein Adler-horst scheint das Kirchlein über dem See zu schwe-ben. Der Besucher sieht östlich, wie gewaltig sich das Monte-Baldo-Massiv aufbaut, und gen Süden, wie der See langsam seine schmale Form aufgibt und dickbäuchig im Sommer-dunst verschwindet.

Monte Castello, Località Monte Castello, Tignale, www.tignale.org

④ Le Fay, Gargnano

Das Fünf-Sterne-Well-ness-Resort Le Fay, das wie eine Limonaia hoch über Gargnano gebaut ist, liegt schon traumhaft schön. Aber die Royal Suite, die einzige am ganzen See, die eine privaten Pool anbietet, verfügt über den exquisi-testen Seeblick. Vom eige-nen randlosen Zwölf-Meter-Pool oder dem ebenfalls vorhandenen Jacuzzi schweift das Auge über-gangslos in den großen See, als sei alles eins ... Und die Bergbusen Pizzo-colo und Fassane geben eine geradezu romantische Kulisse dazu ab.

Hotel Le Fay, Via Feltrinelli 118, Gargnano, www.lefayresorts.com

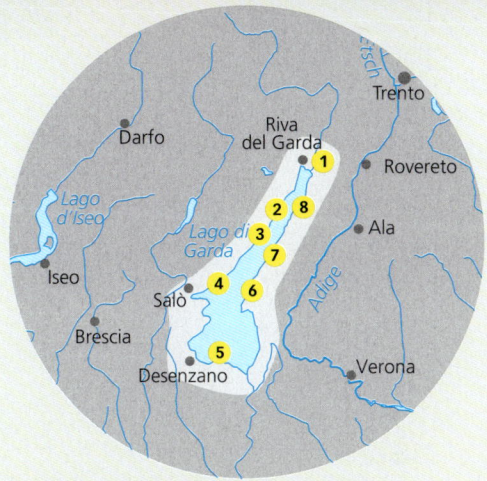

Trento
Darfo
Riva del Garda
Rovereto
Lago d'Iseo
Lago di Garda
Ala
Iseo
Salò
Brescia
Desenzano
Verona
Adige

⑤ Mastio, Sirmione

Der große Turm, der eines der schönsten Wasserschlösser Europas überragt, heißt Mastio und ist zwar nur bescheidene 47 Meter hoch. Aber der Blick nach Süden über die langgestreckte Halbinsel, auf der sich das moderne Sirmione ausgebreitet hat, sowie der Rundblick von Westen über den Norden nach

Osten zeigt den See in seiner ganzen Breite und die verwinkelte Altstadt von Sirmione nebst den Grotten des Catull noch dazu. Und da Sirmione 68 Meter hoch liegt, steht man ja immerhin 115 Meter über dem Meeresspiegel ...

Mastio, in der Burg, Sirmione, www.sirmione.de

⑥ Balcone del Garda, Torri del Benaco

Der Weg vom Zentrum von Torri hinauf in den Ortsteil Albisano ist kurvenreich. Vor der Dorfkirche bieten ein paar Bäume Schatten und Bänke laden zum Verweilen ein, denn der Ausblick auf den Untersee ist ein Genuss, besonders abends. Dann kann man das Lichtspiel der untergehenden Sonne im Spiegel des Sees beobachten. Das Gegenlicht wandelt sich von gleißend hell bis unwirklich orange, wenn die Sonne hinter den Brescianer Alpen verschwindet.

Balcone del Garda, an der Kirche von Albisano, Torri del Benaco, www.torridelbenaco.de

⑦ Zignago, Brenzone

Zignago ist einer von 16 Ortsteilen der Gemeinde Brenzone. Von einigen Stellen der Hauptstraße Ugo Foscolo hat man herrliche Blicke in den Norden über die Bucht von Val di Sogno hinweg bis zur Burg von Malcesine. Nach Westen über Assenza und die Insel Trimelone bis hinüber zum anderen Ufer, wo sich die Steilwände um Campione erheben. Und nach Süden, am schönsten, wenn die Kirche von Castello im Abendlicht orangefarben eingebettet wird.

Zignago, Via Ugo Foscolo, Brenzone, www.brenzone.it

⑧ Monte Baldo, Malcesine

Fliegen war ja schon immer ein Traum des Menschen. Und hier kann er einmal umgesetzt werden: Ist die Fahrt mit der Drehgondel und 360-Grad-Panoramablick von Malcesine auf den 2000 Meter hohen Monte Baldo schon herrlich, so wird der Paraglidingflug zum One-in-a-lifetime-Ereignis. Wer selbst nicht fliegen kann, bucht einen Tandemflug mit einem erfahrenen Paraglider. Abflug ist auf 1800 Meter Höhe. Es folgen rund 30 Minuten gefühlte Schwerelosigkeit. Man hört nur den Wind und ist einfach nur betört.

Monte Baldo, ab Bergstation, Malcesine, www.tandemparagliding.eu

Verführt zum Seitensprung

Unterwegs zum Gardasee sollte man ihn sich einfach gönnen, den Seitensprung ins Trentino, wo vor allem die mächtigen Berge der Dolomiten locken, sonst aber alles ein wenig kleiner, gemütlicher und ruhiger ist: was Spielräume eröffnet, um auch mal abseits der geplanten Route in diese Burg hier, in das Schloss dort hineinzuschnuppern, um Geschichte zu bestaunen und Geschichten zu lauschen. Nicht zuletzt kann man im Trentino auch den Mann, der bei den Bienen schläft, besuchen und echten Priesterwürgern auf die Spur kommen.

Wanderfreuden: Zu den beeindruckendsten Felsformationen der Alpen gehören die Dolomit-Türme des Val di Fassa.

Glaube, Hoffnung, Dolomiten: Wo der Himmel so hoch und schön ist, erahnt man das Paradies.

So weit die Füße tragen: Im Vorfeld des Gardasees locken hohe Berge, schroffe Felsen und unten in der Ebene eine üppig grüne Vegetation.

„Wem geht ein Wind durchs Herz, unwidersprechlich? / Wer fasst in sich der Vogelflüge Raum? / Wer ist zugleich so biegsam und gebrechlich wie jeder Zweig an einem jeden Baum?" (Rainer Maria Rilke)

„Es ist diese Spannung – die schroffen, graugelben Felswände als Vertikale, das sanfte horizontale Grün darunter –, die den Dolomiten etwas Unvergleichliches gibt." (Reinhold Messner)

Dieser Teil der Alpen besitzt eine Vielfalt aus Wänden, Türmen, Zinnen, Zacken, Gipfeln und Becken, die ihresgleichen sucht.

Vor Millionen von Jahren waren die Dolomiten ein Korallenriff. Dann verschoben sich die Kontinentalplatten, der gewaltige Druck hob die Erde und faltete sie zu einem mächtigen Gebirge auf, das inzwischen zum UNESCO-Welterbe erklärt wurde. Auf italienischer Seite, im Trentino, gehören die Dolomiti di Brenta dazu, der westlichste Bergstock der Dolomiten.

Bleiche Berge, zackige Gipfel

Die Dolomiten werden ja auch „bleiche" Berge genannt, weil ihre zackigen Gipfel so herrlich weiß strahlen, als ob sie damit ihre Einzigartigkeit noch unterstreichen wollten. Das helle Gestein fiel im Sommer 1789 auch einem französischen Wissenschaftler namens Déodat de Dolomieu auf. Er fand darin ein bis dato unbekanntes Mineral, das ihm zu Ehren Dolomit genannt und das zum Namensgeber des Gebirges wurde.

Für Le Corbusier, einen der bedeutendsten Architekten des 20. Jahrhunderts, waren die Dolomiten „die eindrucksvollsten Bauwerke der Welt". Und wenn man heute irgendwo in diesem Gebirge umherwandert, dann unterschreibt man diese Aussage gern – obgleich der Himalaya doch viel höher und die Anden doch viel länger sind. Aber dieser Teil der Alpen besitzt eine Vielfalt

aus Wänden, Türmen, Zinnen, Zacken, Gipfeln und Becken, die ihresgleichen sucht. Hinzu kommen sattgrüne Almen, bewirtschaftete Hochplateaus, dunkle Seen und dichte Wälder – welch ein Kontrast! Zudem geben die Dolomiten sichtbare Aufschlüsse über die Erdgeschichte, erzählen viele Sagen und Legenden, sind die Heimat vieler ambitionierter Bergsteiger und Wintersportler. Und nicht zuletzt sind sie: unsagbar schön.

Burgen und Schlösser zum Anfassen

Die Sonne scheint, der Kaffee duftet, das Gebäck ist noch warm: Frühstück im „Relais Palazzo Lodron". Der Patron, Graf Andreas Spiegelfeld, machte aus dem edlen Adelssitz ein feines Hotel mit neun Zimmern, und er legt dort auch selbst Hand an, um seine Gäste zu bedienen. „Ist dieser Raum nicht herrlich?", fragt er, und die Augen seiner Gäste wandern von den verführerischen Spiegeleiern auf den Tellern langsam die historischen Bögen entlang. Doch bevor jemand antworten kann, fügt er hinzu: „Dabei hat der Raum eine so entsetzliche Vergangenheit. Er war der Gerichtssaal, in dem im Jahr 1647 mehrere Frauen als angebliche Hexen zum Tode verurteilt wurden."

Im Kerker ist jetzt der Weinkeller; aus den Stallungen machte der Graf moderne, niveauvolle Gästezimmer.

Gerahmt von Schilf und rauschenden Steineichen, überragt von schroffem Fels, erheben sich auf einer Halbinsel im Lago di Toblino
die Türme, Zinnen und Mauern des Castel Toblino, in dem einst die Trienter Fürstbischöfe den Sommer über residierten.

Castel Thun: Die schönste Burg im Val di Non war seit dem 13. Jahrhundert Sitz der mächtigen Grafenfamilie Thun; seit 1992 gehört die Festung der Provinz Trient.

Castel Pergine: Mehrere Türme umgeben die mittelalterliche Festung.

Fersental / Bersntol / Valle dei Mòcheni

Special

Ein Tal, drei Sprachen

Im Büro von Leo Toller hängen Ur-laubspostkarten an der Wand: aus New York, vom Oktoberfest, aus Tromsø – man kann nicht behaup-ten, die Fersentaler kämen aus ih-rem Stichtal nordöstlich von Trient nie heraus. „Für manche stimmt's, für andere nicht", sagt Toller, der sich am Istituto Culturale Mòcheno um die Sprache seiner Leute küm-mert: Fersentalerisch ist kein Dia-lekt, sondern eine eigene Sprache, eine von mehr als 6500 weltweit. Das Tal wurde im 14. Jahrhundert von Bayern besiedelt, und bis heute spre-chen 70 Prozent der rund tausend Fersentaler noch immer ihre Sprache, die ein Oberbayer übrigens gut ver-stehen kann – im Gegensatz zu vielen jungen Fersentalern, die fast aus-schließlich italienisch sprechen. Des-halb hat man ein Gesetz erlassen, das in den Schulen im Fersental Fersen-talerisch als Unterrichtsfach vorgibt. Die Tageszeitung „Alto Adige" kommt jede Woche mit einer Fersentaler-

Ruhe und Abgeschiedenheit im Fersental

Regionalseite heraus. Sogar eine gül-tige Grammatik und ein Wörterbuch gibt es: Denn das Fersental soll ja auch noch in Zukunft eine Sprachinsel für das Fersentalerische bleiben.

Moderne Kunst im Kerker

Auch im „Castel Pergine" kann man übernachten, und im ehemaligen Kerker wird moderne Kunst ausgestellt. „Wir re-spektieren die Gemächer", sagt die Schlossherrin Verena Schneider-Neff, die alle Geschicke des im Jahr 1177 erst-mals erwähnten Castels leitet, „aber wir möchten trotzdem, dass die Burg lebt. Dazu gehören die Kunst und vor allem auch das Essen." Richtig: Das Trentino hat ja nicht nur Berge und Burgen, sondern auch kulinarische „Erhebungen" ...

Die Priesterwürger

Im Castel Stenico kann man heute we-der essen noch schlafen, dafür aber auf eine Zeitreise gehen: vom Mittelalter, der ursprünglichen Wallburg noch aus dem 12. Jahrhundert, bis in die Renaissance. Interessant wäre es auch zu erforschen, was die drei Bischöfe Vanga, Hinderbach und Clesio, die die Geschichte von Stenico maßgeblich beeinflussten, zu ihrer Zeit wohl auf dem Speisezettel hatten.

Nein, winkt der Dorfpfarrer ab, Stran-golapreti waren das nicht, die kamen erst viel später. „Strangolapreti" heißt wörtlich übersetzt „Priesterwürger" und bezeichnet Spinat-Gnocchi in Salbei-But-ter-Sauce – eine kalorienschwangere Köstlichkeit, bei der sich selbst hohe kirchliche Würdenträger nicht beherr-schen konnten und Stück um Stück in

Einst von den Römern zum Schutz des Etschtals gegründet, wurde Trient (oben links die fresken-geschmückte Casa Alberti-Colico in der Via Belen-zani, rechts der Domplatz mit dem Neptunbrun-nen) im Jahr 1027 vom deutschen Kaiser Konrad II. zum Bischofssitz erhoben und ist heute eine hübsch renovierte urbane Schatztruhe am Schnittpunkt zwischen dem deutschsprachigen Südtirol und dem italienischsprachigen Trentino und Veronese. Unten: Käserei in Cavalese, dem Hauptort im Val di Fiemme.

Trients vollständig von historischen Fassaden eingerahmter Domplatz gehört zu den schönsten Plätzen in ganz Oberitalien.

Der Gardasee „ist die erste italische Jungfrau, welche dem blöden, blonden Germanen, der von den Alpen heruntersteigt, mit dunklem südlichen Blicke in's Herz hineinsieht".

Heinrich Laube, Reisenovellen, 1834

sich hineinschaufelten („würgten"), bis sich die Kutte spannte.

Geschichte und Geschichten

Es ist gegen 15.00 Uhr. Die Ora, der warme Südwind, hat gerade eingesetzt, aber es ist alles andere als idyllisch. Draußen, vor den starken, bis zu 250 Meter langen Mauern von Castel Beseno, tobt der Krieg. Wir schreiben das Jahr 1487. Trentiner Truppen liefern sich eine erbitterte Schlacht gegen das venezianische Heer. Der Doge von Venedig versucht, das Etschtal unter seine Kontrolle zu bringen. Der Plan misslingt: Rund 6000 Venezianer kommen ums Leben.

Kahnpartien im Mondenschein

Um Castel Toblino wurde nie gekämpft. Aus der ursprünglichen Festung entstand im 16. Jahrhundert eine noble Adelsresidenz. Das romantisch auf einer Halbinsel im gleichnamigen See gelegene Wasserschloss ist wie geschaffen für Seitensprünge. Den bekanntesten leistete sich der Trentiner Fürstbischof Madruzzo, der sich dort mit seiner Geliebten Claudia Particella traf. Es gab Kahnpartien im Mondenschein, aber auch Mordversuche: Übereifrige Priester hatten es auf Claudia abgesehen. Im 20. Jahrhundert wurde sogar eine Fortsetzungsge-

schichte daraus. In der Trienter Zeitung „Il Popolo" verfasste sie ein gewisser Benito Mussolini. Dreizehn Jahre später stürzte der zunächst noch sozialistische Poet als Diktator Italien in den faschistischen Abgrund.

Süße Sünden zum Niederknien

Ein letzter Orts- und Zeitwechsel: Unweit von Castel Thun, der schönsten Burg im Val di Non – seit dem 13. Jahrhundert Sitz der mächtigen Grafenfamilie Thun und erst seit 1992 im Besitz der Provinz Trient –, stehen in sechs verschiedenfarbigen Holzkisten sechs mal 60 000 Bienen mit jeweils einer Königin auf der Ladefläche eines Pickup. Kein Summen ist zu hören, keine Biene zu sehen. Die fleißigen Bienchen schlafen, nur der Mond beleuchtet die Gegend.

Auch Cristiano Meneghin wird heute Nacht bei seinen Bienen im Auto schlafen, um zu spüren, wann die Tiere im Morgengrauen langsam unruhig werden. Dann wird der Imker die Holzkisten öffnen, und die Bienen werden in einem Radius von 18 Kilometern zu 70 Prozent Rhododendron sammeln – denn der blüht gerade – und zurückbringen zu ihm, der bei den Bienen schläft, damit er daraus eine süße Sünde machen kann: einen Honig zum Niederknien.

GARDASEETOURISMUS

Auf das richtige Feeeling kommt es an

So schön das Trentino auch ist: Alle wollen an den See. Schon die Römer liebten ihren „Benacus", wie der See in der Antike hieß. Ihnen folgten prominente Touristen wie Goethe, Nietzsche und Prinz Charles. Und der Reiz des Gardasees ist erkennbar von Dauer: Denn die meisten Besucher kehren immer wieder zum See zurück.

Oben und rechte Seite: Alte Poster künden
von vergangenen Urlaubstagen, als sich die Herren
gern noch etwas bedeckt hielten, ...

Manchmal könnte man meinen, die Hälfte aller Gardaseeurlauber von heute hätte die römischen Dichter Catull und Vergil, die dereinst den Lacus Benacus besangen, persönlich gekannt. Sicher ist nur: Der Gardasee ist ein Urlaubsziel für alle Generationen. Die Papas und Mamas aus den 1960er-Jahren sind inzwischen Opas und Omas. Aus der „Casa Bottura", nicht klassifiziert, für 20 Mark die Nacht, ist mittlerweile ein hübsches Vier-Sterne-Hotel mit Pool geworden. Und die Vermieter von damals, die armen Botturas, sind inzwischen nicht nur selbst alt, sondern wie so viele am See durch den Tourismus auch reich geworden. Grund dafür ist das unnachahmliche, wohl von jedem anders empfundene Gardaseefeeling: Schöne Kindheitserinnerungen sind das eine, tolle Burgen und hübsche Häfen das andere. Hinzu kommen Olivenhaine und Zypressen, die Pizza aus dem Holzofen und die lauen Abende bis Mitternacht: Die Mischung macht's.

... während kesse Damen kesse Badeanzüge spazieren fuhren und die Farben der Postkarten noch wie liebevoll von Hand koloriert wirkten.

Ein Ort zum Wiederkommen

Seine mondänste Zeit erlebte der Gardasee während der Donaumonarchie des Habsburgerreiches, als die damalige High Society der Literatur von Ibsen über Kafka, Rilke, Nietzsche, D. H. Lawrence und Thomas Mann den damals deutschsprachigen Norden zwischen Riva und Torbole bevölkerte und sich hier inspirieren ließ. Heinrich Mann kam sogar zwanzigmal zu Besuch und war schon damals das, was man heute neudeutsch einen „Repeater" nennt, einen Wiederholungstäter also.

Den Süden des Sees, allen voran Gardone und Sirmione, eroberten derweil Mailands vornehme Familien, wo sie die Heilquellen der Grotten des Catull wieder entdeckten, die einst schon die Römer so geliebt hatten.

Zur Habsburgerzeit war der See noch ein armes Gebiet, bewohnt von Fischern, Oliven- und Bergbauern. Die damals neuen Hotels waren alle in österreichischer Hand. Es gab eine Zwei-Klassen-Gesellschaft, bestehend aus armen Anwohnern und reichen Besuchern. In den 1950er-Jahren hielt dann der Camping-, in den 1960er-Jahren der Albergo-Tourismus Einzug in die Region. Mit der Mistgabel verscheuchte man zunächst die Kühe, um Platz für Zelte zu machen. Etwas später wurde dann im Sommer das Kinderzimmer vermietet, um den Besuchern, die schon damals gerne wiederkamen, ein Bett anbieten zu können. Erst nach und nach hob man das Niveau an, entstanden die ersten kleineren privaten Hotels mit ein paar Zimmern. Der Autor dieser Zeilen erinnert sich noch gut an das Jahr 1966 herum, als sich fast alle Gäste der Umgebung vor einem kleinen Schwarz-Weiß-Fernseher in der „Casa Bottura" versammelten, um das Finale der Fußball-WM in Wembley zu verfolgen. Seitdem hat sich hier vieles verändert, wie andernorts auch, aber hier wie dort bekommt man den Eindruck, die damaligen Verhältnisse hätten sich in ihr Gegenteil verkehrt: Heute sind die Einwohner wohlhabend, und die Touristen sind es, die ihr Geld zusammenhalten müssen.

Politisch ist der Gardasee in drei Provinzen, Trentino, Verona und

> „… es lag mir noch eine herrliche Naturwirkung an der Seite, ein köstliches Schauspiel, der Gardasee."
>
> Johann Wolfgang von Goethe, 1786

Deutsche Urlauberinnen
im Paradies – im Strand-
bad Bagno Paradiso von
Torbole, um 1930

Brescia, aufgeteilt. Die Fertigstellung der 120 Kilometer langen Ringanlage im Jahr 1993 für die Abwasserentsorgung, über alle Rathaus- und persönlichen Animositäten hinweg, war die bemerkenswerteste organisatorische und umweltpolitische Leistung – eine beeindruckende Investition in die Zukunft des Tourismus.

Für jeden etwas

Obgleich alle drei Provinzen in Sachen Marketing ihr eigenes Süppchen kochen, hat man sich in den letzten Jahren sehr breit aufgestellt: Neben den Wochenendbesuchern (vornehmlich aus München und Oberbayern, Verona und dem Trentino) kommen auch viele Urlauber für eine Woche oder gar 14 Tage in den Sommerferien hierher. Und während des traditionellen Ferragosto gesellen sich

im August viele Italiener dazu. Ein weiterer Trumpf aus Tourismusmarketing-Sicht sind die Freizeitparks um den Pionier Gardaland bei Peschiera. Hinzu kommt der Sporttourismus zu Wasser und zu Berge, auch Camper fahren immer noch gern hierher, und in der Nebensaison kommen die Senioren in ihren Bussen.

Eine Sehnsucht in Zahlen

In Zahlen ausgedrückt, liest sich die Gardaseesehnsucht im 21. Jahrhundert wie folgt: Geschätzte sechs Millionen Gäste, davon knapp zwei Drittel aus Deutschland, lassen pro Jahr rund drei Milliarden Euro am See. Einige davon sicher deutlich mehr als der Durchschnittsbürger: König Juan Carlos etwa, Prinz Charles oder die ehemaligen Bundespräsidenten Richard von Weizsäcker und Horst Köhler.

Buchtipp

. . . .

Eine geeignete literarische Lektüre, dem Gardaseefeeling
auf die Spur zu kommen: Franziska Wolffheim, *Gardasee.
Wo der Süden beginnt*, insel taschenbuch

Goethe war hier:
Daran erinnert seine
Büste bei der Skaliger-
burg von Malcesine.

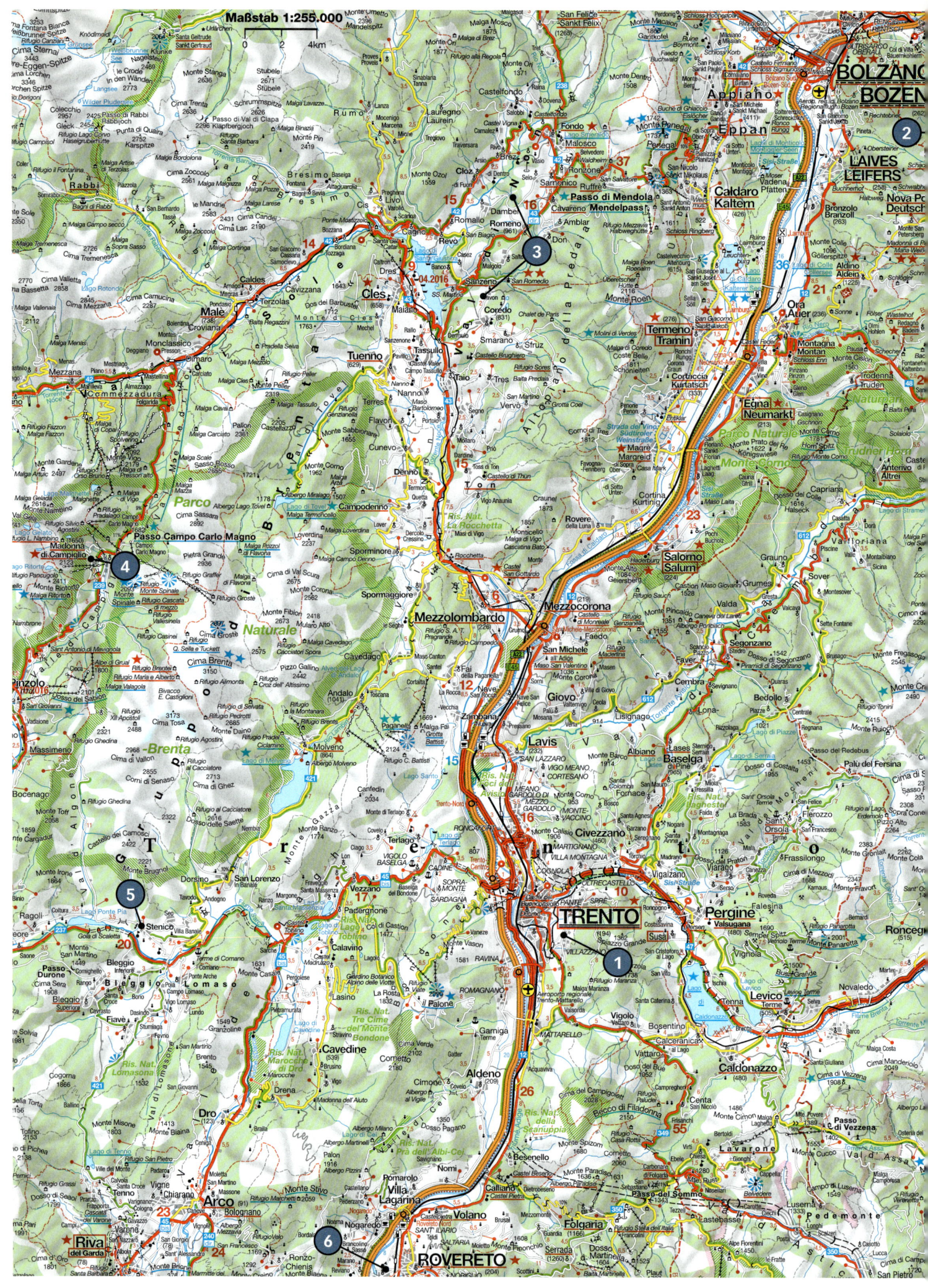

Klein, aber fein

Zwischen der hochalpinen Marmolata und dem mediterranen Gardasee erstreckt sich das Trentino. Gekrönt von zahllosen Berggipfeln und wunderbaren Schlössern darunter, gesegnet mit klaren Seen und einer frappierend ehrlichen, herrlich einfachen Küche: beste Voraussetzungen für eine Entdeckungstour.

❶ Trento

Trento (115000 Einw.), auf Deutsch Trient, ist Namensgeberin und Hauptstadt des Trentino.

SEHENSWERT/MUSEUM

Buonconsiglio, im 13. Jh. als kaiserliches Schloss erbaut und ehemaliger Sitz der Fürstbischöfe, wurde schon 1494 von Albrecht Dürer auf einem Aquarell verewigt. Der runde Augustus-Turm dominiert die Anlage, die über der Stadt thront (Di.–So. 10.00–18.00 Uhr, www.buonconsiglio.it). Das Zentrum bestimmt der **Domplatz** mit der Kathedrale **San Vigilio**, **Palazzo Pretorio** und dem Neptunbrunnen. Der Bronze-Neptun ist allerdings eine Nachbildung. Das Original aus dem 18. Jh. steht im **Rathaus**. Herausragend ist das **Mart**, das Museo di Arte Moderna e Contemporanea, mit 30 000 Werken der Kunst des 20. und 21. Jh. Das Spektrum reicht von italienischen Künstlern wie Sironi oder Morandi bis zur amerikanischen Pop-Art von Warhol oder Lichtenstein (Di.–So. 10.00 bis 18.00, Fr. bis 21.00 Uhr, www.mart.trento.it). Anfassen und experimentieren erlaubt ist im Wissenschaftsmuseum **Muse** mit Schwerpunkt auf dem Alpenraum (www.muse.it, Di., Do., Fr. 10.00–18.00, Mi. bis 21.00, Sa./So. bis 19.00 Uhr).

VERANSTALTUNGEN

Im Juni werden jährlich die **Feste Vigiliane** gefeiert, ein historisches Spektakel zu Ehren des Schutzheiligen Vigilius. Höhepunkt ist der Palio dell'oca auf der Etsch (Termine unter www.festevigiliane.it).

RESTAURANT/UNTERKUNFT

€ € **Antica Trattoria al Volt** mit typisch trentinischer Küche zu vernünftigen Preisen (Via San Croce 16, Tel. 0461/98 37 76, http://tienne.it/alvolt). Gut 10 km außerhalb des Zentrums: Das € € € **Castel Pergine** ist ein Hotelschloss zum Anfassen, ohne Möchtegern-Noblesse. Küche und Kunst werden in dem auf 3-Sterne-Niveau angesiedelten Haus groß geschrieben (Preise inkl. sehr guter HP bis max. 210 € in einem der 6 Turmzimmer, Via al Castello 10, 38057 Pergine Valsugana, Tel. 0461/53 11 58, www.castelpergine.it).

UMGEBUNG

Ein Abstecher ins urige **Valle dei Mòcheni** (Fersental/Bersntol) ist wie eine Reise in eine

Oben links: Neptunbrunnen und Kathedrale in Trento. Oben rechts: Schroffe Felsen und spitze Gipfel charakterisieren das Val di Fiemme (deutsch: Fleimstal).

zeitlose Welt. Von Pergine Valsugana kann man über die Straße westlich des Bersn hinein- und östlich des Flusses wieder zurückfahren. Tipp: Unbedingt am **Filzerhof** stoppen, einem typischen Bersntoler Bauernhof (Tel. 0461/55 00 73).

INFORMATION

Tourismusverband, Via Manci 2, Tel. 0461/216000, www.visittrentino.it

❷ Val di Fassa

Das Fassatal (außerhalb der Straßenkarte) gehört zu den schönsten Bergregionen im Trentino.

SEHENSWERT

Auch ohne Wander- oder Bergsteigambitionen sollte man sich die **Marmolata**, den höchsten Berg der Dolomiten mit 3343 m, nicht entgehen lassen. Die Seilbahn führt auf 3265 m.

AKTIVITÄTEN

Im Sommer darf auf wunderbaren Wegen gewandert werden – im Tal und auf der Höh'. In Sachen **Wintersport** gibt's Weltklasseniveau: 235 km Pisten in 9 verschiedenen Skigebieten mit Zugang zur – sich um die majestätischen Dolomitenpässe schlängelnden – Sellaronda sprechen für sich.

UNTERKUNFT

Direkt an der Sellaronda liegt das 5-Sterne-Hotel € € €/€ € € € **Sassongher**, das jedes Jahr zum Weltcuprennen die deutsche Männer-Skinationalmannschaft beherbergt (Pool, Sauna; Strada Sassongher 45, 39033 Corvara, Tel. 0471/83 60 85, www.sassongher.it).

UMGEBUNG

Vor dem Fassatal liegt das **Val di Fiemme**, und wer in Predazzo nach Osten abbiegt, der kommt nach 35 km nach San Martino di Castrozza, den Ausgangspunkt für Touren zur **Pala di San Martino** (2987 m), neben **Marmolata** und **Brenta-Gruppe** das dritte Gebiet im Trentino, das zum Weltnaturerbe **Dolomiten** gehört.

INFORMATION

Tourismusverband, Strèda Roma 36, 38032 Canazei, Tel. 0462/60 95 00, www.fassa.com

Oben: Museum für Moderne Kunst in Rovereto.
Links: Kostümball des Carnevale Asburgico in
Madonna di Campiglio.

③ Val di Non

Das Nonstal liegt im zentralen Norden, ist das breiteste Tal im Trentino und bekannt für seinen Obstanbau, den Berghonig und das Castel Thun.

SEHENSWERT

Castel Thun existiert bereits seit dem Jahr 1250 und liegt erhaben über der Ortschaft Vigo di Ton. Die ausgeklügelte Befestigungsanlage mit Türmen, Basteien, Wehrgang, Schlossmauern, Gräben und Zugbrücke wurde aufwendig restauriert (www.castelthun.com, Mai–Okt. tgl. 10.00–18.00, Nov.–Feb. Sa./So. 9.30–17.00 Uhr).

EINKAUFEN

Honig in 27 Geschmacksrichtungen, von A wie Arancio (Orange) bis T wie Timo (Thymian), gibt es in der 1921 gegründeten Imkerei **Mieli Thun** zu kaufen. Besonders gut ist der Quintessenza-Honig (Via Castel Thun 8 oder im E-Shop unter www.mielithunshop.it). Schinken – drei Wochen in Rotwein, Wacholder und Pfeffer eingelegt und dann ein Jahr abgehangen – kann bei **Ricardo Gelpi** gekauft werden, der seine Schweine auch selbst züchtet. Außerdem bietet er in seiner renovierten Schlossruine 4 Zimmer zu 80 Euro an (Agritur Castel Vasio in Fondo, Tel. 0349/ 473 14 41, www.castelvasio.net).

RESTAURANT

Danilo Segna ist der Restaurantchef, Frau Silvana herrscht in der Küche und die Kinder Giulia und Francesco bedienen im € € **Ristorante Alpina** mit ausgezeichneter trentinischer Küche (Piazza Municipio 23, Brez, Tel. 0463/87 43 96, www.locandalpina.it).

UNTERKUNFT

Fast am Ende des Nonstals bietet das Hotel € € € **Orsogrigio** in Ronzone nur zehn, aber vom allerfeinsten ausgestattete Zimmer und ein Gourmetrestaurant mit gediegener Silber- und Damast-Atmosphäre (Via Regole 12, Tel. 0463/88 05 59, www.orsogrigio.it).

INFORMATION

Tourismusverband, Via Roma 21, 38013 Fondo, Tel. 0463/83 01 33, www.visitvaldinon.it

④ Madonna di Campiglio

Nahe der Brenta-Gruppe auf gut 1500 m Höhe gelegen, gehört der Ort (1800 Einw.) zu den großen Namen im alpinen Wintersport. Jedes Jahr gastiert der alpine Skiweltcup mit mehreren Wettkämpfen in Madonna.

AKTIVITÄTEN

Wintersportler finden hervorragende Bedingungen. Das **Skigebiet** ist sehr weitläufig, es erstreckt sich bis auf 2600 m.

UNTERKUNFT

Inmitten einer grandiosen Bergkulisse liegt die Berghütte € **Alimonta** mit knapp 100 einfachen Betten, die günstig zu buchen sind (geöffnet 20. Juni–20. Sept., Vedretta degli Sfulmini, Tel. 0465/44 03 66, www.rifugioalimonta.it).

INFORMATION

Tourismusverband, Via Pradalago 4, 38086 Madonna di Campiglio, Tel. 0465/44 75 01, www.campigliodolomiti.it

⑤ Stenico

Klein, aber berühmt für sein außergewöhnliches Schloss: Gerade mal 1000 Einwohner leben in diesem Ort.

SEHENSWERT

Castel Stenico thront seit dem 12. Jh. über dem Ortskern und bietet den Besuchern eine Architekturreise vom Mittelalter in die Renaissance und damit von karg-abweisend, wie sich das Äußere bis heute gibt, zu elegant-einladend in Teilen des Inneren (www.buonconsiglio.it, 5. Mai–1. Nov. Di.–So. 10.00–18.00 Uhr).

EINKAUFEN

Käse direkt vom Bauernhof kaufen und zuvor probieren kann man in der **Azienda Agricola Fontanèl** in Fiavé (Via 3 Novembre 111, Verkostung nur auf Vorbestellung, Tel. 0465/ 73 50 41).

UNTERKUNFT

Die € € € **Villa di Campo** ist ein Herrschaftssitz auf 4-Sterne-Niveau mit gutem Spa, leckerer Küche und der energiegeladenen Besitzerin Cristina Cattoni (Campo Lomaso 40, 38070 Terme di Comano, Tel. 0465/70 00 52, www. villadicampo.it).

UMGEBUNG

Unweit von Stenico befinden sich die Thermen von **Comano**, die bereits zur Römerzeit bekannt waren; Anwendungen vor allem gegen Hautkrankheiten (www.termecomano.it). Der nördlich gelegene Naturpark **Adamello-Brenta** ist ein wunderschönes Berggebiet – mit viel Glück kann man sogar ein braunes Wunder erleben: die letzten autochthonen Braunbären der Alpen. **Rango**, knapp 13 km südwestl., gehört mit seinen mittelalterlichen Gassen zu den schönsten Dörfern Italiens. Der **Sarca-Flusspark** und vor allem die Limarò-Klamm lohnen ebenfalls einen Abstecher. Südlich breitet sich das **Valle dei Laghi**, das Tal der Seen, aus, wo einige der knapp 300 Seen im Trentino zu finden sind: **Lago Bagatoli**, **Cavedine**, **Lagolo** und am schönsten der **Lago di Toblino** mit **Castel Toblino** auf einer Halbinsel.

Tipp

Zu Gast bei Silvio

Im Trentino kann man wahrlich gut, zuweilen sogar fürstlich speisen. Aber mit der € € **Osteria del Fiore** in dem kleinen Örtchen Poia bei Terme di Comano (in der Umgebung von **Stenico**) findet man eine Osteria Tipica Trentina der ganz einfachen Art: Als Antipasti gibt es Polenta, Nusssalami und Carne Salada. Das Primo, Na Fetta e en Gnoc, hausgemachte Nudeln mit (!) Kartoffelklößchen, steht in ganz Italien wahrscheinlich nur bei Silvio Salizzoni auf der Karte. Als Secondo kommt zartestes Lomaso-Rind vom Grill und zum süßen Ende eine Zuppetta di Frutta con Vino Cotto auf den Tisch.

INFORMATION

Und das alles für 28 Euro: Tel. 0465/ 70 14 01, www.albergofiore.it

INFORMATION
Tourismusverband, Via C. Battisti 38d,
38070 Ponte Arche, Tel. 0465/70 26 26,
www.visitacomano.it

6 Rovereto

Das barocke Städtchen mit seinen knapp
40 000 Einwohnern hat nicht nur die berühmte
Autobahnausfahrt Rovereto-Sud (für den nördlichen Teil des Gardasees), sondern auch noch
einige Überraschungen zu bieten.

SEHENSWERT/MUSEUM

Die zentrale **Piazza Antonio Rosmini** wird
bestimmt durch eine 20 m hohe Fontäne, die
an den Wasserreichtum der Stadt erinnert. Das
Barocktheater Riccardo Zandonai mit vier
Rängen war das erste Theater im Trentino. Ku-
rios wirken die mit Überhang gebauten Häuser
am Bach Leno bei der Brücke Forbato. Über all
dem thronen mächtig das Mausoleum **Castel
Dante** und die Festungsanlage **Castello di
Rovereto**, die um 1300 erbaut wurde. Im Kas-
tell ist das **Museo Storico Italiano della
Guerra** beheimatet, Italiens größtes historisches Kriegsmuseum. Im Ersten Weltkrieg ver-
lief die Front zwischen Österreichern und Italienern geradewegs durch die Stadt (www.museo
dellaguerra.it, Di.–So. 10.00–18.00 Uhr). Vom
Tessiner Stararchitekten Mario Botta entwor-
fen wurde das Kunstmuseum, **Museo d'Arte
Moderna e Contemporanea di Trento e
Rovereto** (MART, Corso Bettini 43, www.mart.
trento.it; Di.–So. 10.00–18.00, Fr. bis 21.00 Uhr).

EINKAUFEN

Andrea **Marzadro** bietet beste Grappe an und
lässt sie auch verkosten – übrigens mit Milch
und Grissini zum Neutralisieren (Via per Bran-
colino 10 in Nogaredo, www.marzadro.com).

UNTERKUNFT

Das **€ € € Relais Palazzo Lodron** gibt sich innen modern mit 4 Sternen, Pool, Biosauna und
von außen als nahezu unveränderter Palast
aus dem 17. Jh. – mit einem echten (deutsch
sprechenden) Grafen als Patron (ab 120 Euro/
DZ, Via Conti Lodron 5, 38060 Nogaredo, Tel.
0464/41 31 52, www.relaispalazzolodron.it).

UMGEBUNG

Die Friedensglocke **Maria Dolens** läutet täglich vom Miravalle über Trento, die Stadt des
Friedens. Sie wurde 1924 aus Kanonen der am
Ersten Weltkrieg beteiligten Staaten gegossen
und dient als hörbares Mahnmal gegen alle
Kriege. Das **Castel Beseno** TOPZIEL ist die
größte Befestigungsanlage des Trentino. Beseno geht auf das 12. Jh. zurück, war der Mittelpunkt zahlreicher Schlachten und ist ein
beeindruckendes Monument.

INFORMATION
Tourismusverband,
Corso Rosmini 16, 38068 Rovereto,
Tel. 0464/43 03 63,
www.visitrovereto.it

Genießen Erleben Erfahren

**DuMont
Aktiv**

Wanderland?
Wunderland!

Die spektakulären Dolomiten

laden selbst Wandermuffel ein, die Stiefel zu
schnüren, die Brotzeit zu packen und die Natur zu erobern. Wichtig ist jedoch, dass man
sich nicht übernimmt und die passende Tour
für die eigene Kondition findet.

Rund 200 Bergführer gibt es im

Trentino. Man kann sich aber auch online vor-
bereiten oder ganz auf eigene Faust losziehen.

Blick auf die Sella-Gruppe.

„Online wandern" bedeutet, dass sich der Bergfex alle Informationen, wie
Kartenmaterial, Angaben zu Höhen, bewirtschafteten Almen oder Schutzhütten, vor dem Start herunterlädt. Ein Tagesmarsch ist ebenso möglich wie
mehrere Tage zu wandern, mit oder ohne Gepäck, allein oder betreut. Letzte-
res heißt, sich in die organisatorische Obhut eines Veranstalters zu geben, der
für den Gepäcktransport und alle nötigen Reservierungen sorgt. 140 trentinische Schutzhütten, meist über der 2000-Meter-Marke gelegen, bieten Obdach,
noch weit mehr Pensionen offerieren kuschligere Schlafstätten und viele Ster-
ne-Hotels sogar noch Sauna und Dampfbad zum Entspannen nach einem langen Wandertag.

Besonders interessant ist die Vereinigung „Dolomiti Walking

Hotels". Unter diesem Dach haben sich 21 Trentiner Hoteliersfamilien zusam-
mengeschlossen. Sie alle bieten ideale Ausgangspunkte für Wanderer und lei-
hen den Gästen nicht nur die notwendige Ausrüstung, sondern geben auch
Informationen, Tipps und Ratschläge, wie man sie eben nur von Einheimischen vor Ort erhält: ob es nun der Hinweis auf einen ganz besonderen Aus-
sichtspunkt oder auf eine Alm mit Käserei ist.

Weitere Informationen

Bergführer: www.guidealpinetrentino.it.

Online wandern: perfekt für die
Brenta-Gruppe zusammengestellt unter www.
dolomitibrentatrek.it

Tourenvorschläge:
www.visittrentino.it/de/outdoor

„Dolomiti Walking Hotels":
www.dolomitiwalkinghotel.it

Wo Wind und Wellen den Tag bestimmen

Riva und Torbole markieren die schmale Nordküste des Gardasees, wo der See noch im Trentino wie ein skandinavischer Fjord beginnt. Nur stehen statt Tannen Palmen am Ufer, statt Anorak trägt man ärmelfrei. Das große Riva hat historische Grandezza, das kleine Torbole die junge Surfelite. Für beide Ortschaften regelt der Wind den Tagesablauf. Vormittags bläst vom Norden der Pelér, der „König der Gardaseewinde", nachmittags sein Gegenstück, die Ora, vom Süden. Als ob man seine Uhr danach stellen könnte.

Solang die Winde wehen – kommt man auf dem Gardasee nicht nur auf einem Surfbrett, sondern auch mit dem Katamaran gut voran.

Wie ein Adlerhorst thront die im 12. Jahrhundert errichtete Burg der Grafen von Arco auf dem nach Norden hin steil abfallenden Felsen hoch über dem gleichnamigen Luftkurort.

Am Lago di Tenno (oben und rechts) lassen einen das klare türkisfarbene Wasser und das Inselchen in der Mitte die Berge ringsherum fast vergessen. Zwei Kiesstrände laden zum Baden ein – eine ideale Erfrischung nach einer idyllischen Wanderung am Ufer entlang.

Blick auf Riva del Garda: Veroneser, Mailänder und Venezianer, Tiroler Grafen und Trienter Bischöfe stritten sich in der Vergangenheit um diesen bedeutendsten Hafen am nördlichen Gardasee.

Lago di Ledro und Lago di Tenno

Special

Steinzeit und Karibik

....

Die Fischer wunderten sich: Warum nur verfingen sich ihre Netze immer an den Baumstümpfen im Ledrosee? Auch die Ingenieure wunderten sich: Als sie für das neue Wasserkraftwerk in Riva den Seespiegel senkten, trat ein ganzer Wald aus Stümpfen hervor. Das war im Jahr 1929. Und bald wusste man: Dieser Wald ist das Relikt eines Jungsteinzeitdorfs, das auf rund 15 000 Pfählen errichtet wurde. Der Ledrosee, nur knapp drei Kilometer lang und einen breit, ging auf diese Weise in die Wissenschaft ein. Urlauber schätzen ihn als Bergsee auf 638 Meter Höhe und als Ausgangspunkt für schöne Wanderungen und Mountainbiketouren. Dort oben kann es auch mal grau in grau sein, während unten am Gardasee die Sonne scheint. Aber dafür hat man hier auch deutlich mehr Ruhe, Berggefühl sowie einige Kiesstrände und das Museum in Molina, das zeigt, wie die Menschen vor rund 4000 Jahren lebten.

Erbe der Zeit: Molina am Lago di Ledro.

Ganz ohne Geschichte, dafür aber in karibischem Türkisblau trumpft der noch kleinere Tennosee auf 570 Metern auf. Etwa in einer Stunde ist der Badesee per pedes umrundet, und zur Insel im Kreisrund kann man ebenfalls meist waten.

S ein Gesicht sieht aus wie die Eiger-Nordwand: zerfurcht, vom Wetter gezeichnet. Sein Name: Maurizio Zanolla. Mattia Pedrani dagegen ähnelt einem Calvin-Klein-Model: jung, stattlich, cool, ein Zwei-Meter-Schönling. Und dann ist da noch Danilo Miori, ein geborener Rivaner, der sich noch erinnern kann, wie einst die Schiffe aus dem Süden in Riva festmachten, um Baumwoll- und Leinenlappen in großen Mengen an Land schleppen zu lassen, die für die Papierfabrikation benötigt wurden.

„Ha! Arco!"

Maurizio, der als 22-Jähriger vor rund 30 Jahren das moderne Sportklettern an den Gardasee brachte, leistete wesentliche Beiträge zur Erschließung der Klettergärten rund um Arco, heute eines der beliebtesten Klettergebiete in Europa.

„Ha! Arco!", wirft der Rivaner Danilo ein. „Die waren immer neidisch auf uns, weil sie ja keinen Seezugang hatten. Und dann bekamen sie endlich etwas, das wir nicht hatten: die Kletterer."

Einige Jahre vor Maurizios Pionierarbeit am Berg wurde zwischen Torbole und Riva ein Boom eingeleitet, der bis heute anhält. 1973, da ist sich Danilo fast sicher, wurde der erste Windsurfer auf dem Lago gesichtet. „Da haben wir schon gestaunt: ein Mann, ein Brett, ein Segel

Aus der Vogelschau: Riva del Garda mit der schön am Hafen gelegenen Piazza III Novembre, an deren Ostseite der im 13. Jahrhundert errichtete Torre Apponale aufragt – ein Wachturm, der in Nietzsche den Wunsch aufkommen ließ, sein Leben darin als Eremit zu beschließen.

Stadtbummel im Zentrum von Riva del Garda: „Ripa" (Ufer) nannten die Römer den Ort, in dem sie zu ihrer Zeit bereits eine Nautikerschule, ein „collegium" für Segler, unterhielten. An die alte Tradition erinnert auch das Stadtwappen, das ein Schiff mit geblähten Segeln zeigt.

– und der fuhr auch noch schnell ..."
Arco, das Kleinstädtchen im Hinterland, hatte wieder das Nachsehen.

Schneller, lauter, hektischer

Wenn drei Generationen erzählen – Danilo ist 85, Maurizio 57, Mattia 30 Jahre alt –, verschieben sich schnell mal die Sichtweisen. Mattia war noch gar nicht geboren, als Danilo das erste Brett auf dem See sah. Heute ist der 30-Jährige Windsurf-Profi. Für seinen Sport zog der gebürtige Mailänder nach Torbole, um den See immer vor der Türe zu haben und die Universität von Trient in der Nähe. Der italienische Meister im Freestyle belegt Platz 13 in der Weltrangliste.

Für Danilo „haben die vielen jungen Leute natürlich das Leben in Riva verändert. Es ist alles viel schneller, lauter und hektischer geworden".

Viva Riva la Diva

Wegen der vielen Surfer dürfen auch keine privaten Motorboote mehr im trentinischen Teil des Sees fahren. Nicht einmal eine Mahagoni-Riva darf mehr in Riva einlaufen: Viva Riva la Diva, das war einmal – wer in den 1960er-Jahren zum Jetset gehören wollte, der musste das italienische Sportboot mit dem charakteristischen schlanken Mahagonirumpf einfach haben. Was geblieben ist, scheint der im Spiel von Wind und Wellen vorgege-

bene Tagesrhythmus zu sein. Früher kamen die Lastschiffe mit dem Südwind, der Ora, um anderntags am Morgen mit dem Nordwind, dem Pelér, zurück in den Süden zu segeln. Heute nimmt jeder Surfer – Kiten ist wegen der Dichte von Surfern zwischen Torbole und Riva verboten – sofort sein aufgebautes Rigg in die Hand, wenn der Wind mit soliden vier bis fünf Windstärken einsetzt. Dann kann das scheinbar endlose Kilometerfressen auf dem Lago-Highway zwischen Torbole und Riva wieder von Neuem beginnen. Bläst der Pelér mal stärker und länger, bringt er starke Wellen mit sich. Die wühlen das Wasser auf, das sich dann deutlich abkühlt. Die Folge: Der

Eine Stadt in Ketten? Die Vermutung liegt nahe, und sie passt zu unserer Vorstellung vom Mittelalter, in dem die Skaliger auf einer kleinen, von Wassergräben umgebenen Insel in Riva die Rocca bauten.

Ein Schiff wird kommen: Allerdings nicht um diese Zeit, denn nachts wird auf dem Gardasee der Schiffsbetrieb eingestellt, und dann heißt es: „Still ruht der See."

See wird trotz Sonneneinstrahlung nicht mehr ausreichend aufgewärmt, was bedeutet, dass die Ora nicht mehr einsetzen kann. Das mögen die Badegäste weniger, die in Riva übrigens am längsten zusammenhängenden Gardaseestrand baden. Für Mattia hingegen sind Windabweichungen eine geliebte Alternative: „Mit 70 Kilometern pro Stunde über den See zu düsen, das hat schon was!"

Jubel, Trubel, Heiterkeit

Riva gibt sich gerne mondän. Das sieht man an manchen Hotels, Parks und Geschäften, auch an der Spiaggia degli Olivi, einem wie ein Amphitheater am See liegenden Strandbad aus den 1930er-Jahren. Mit gut 15 000 Einwohnern ist der Ort nach Desenzano der zweitgrößte am See, aber Limone, Malcesine oder Sirmione stehen in der Gunst der Reisenden viel höher. Auch das kleine Torbole mit seinen gerade mal 2200 Einwohnern ist, zumindest in Surferkreisen, deutlich bekannter. Denn der Ort hat sich im Lauf der Zeit zum besten Süßwasser-Spot für Surfer entwickelt. Von Ostern bis September herrschen Jubel, Trubel, Heiterkeit. Und der ehemalige ISAF-World-Champion Andrea Cucchi – aus Malcesine am Gardasee! – präsentierte dort die ersten Prototypen der Segelmarke Point-7. Das sind die mit den stylischen schwarzen Segeln.

Riva, Torbole, Madagaskar?

Nirgends sind die Berge, mächtig und dominant, näher an einem Ort als hier. Rivas Lage ist eine schattige. Schließlich sorgt das Rocchetta-Massiv mit seinen gut 1500 Metern Höhe tagtäglich dafür, dass der Ortskern etwa ab 16 Uhr keine Sonne mehr abbekommt. Im Winter geht sogar noch früher das Sonnenlicht aus. Trotzdem gibt es keine Rivalitäten zum sonnigeren Süden. Riva gehörte ja bis zum Jahr 1918 noch zur Doppelmonarchie Österreich-Ungarn. Bis zum Oktober 1931 gab es keine Uferstraße und kaum Kontakt, da der Seeweg die einzige Verbindung in den Süden war: „Im Altertum waren wir eine römische Sied-

Rivas im lombardisch-venezianischen Stil errichteten Palazzi und Arkaden lassen den Einfluss Veronas wie der Serenissima erkennen. Rechts im Bild: der Palazzo Municipale.

An der Hafenpromenade: Die Schönheit der Stadt liegt ganz im Auge des Betrachters.

Die um die Kurve(n) fetzen: Unweit von Riva del Garda führt eine alte, in den Fels gesprengte Straße in mäßiger Steigung und durch sechs Tunnels hoch zum Bergdorf Pregasina. Mit jeder Serpentine ergeben sich neue, grandiose Ausblicke, die die Herzen der Mountainbiker höher schlagen lassen.

So in etwa sieht er aus, der Traum vom sonnigen Süden – auch hier, ganz im Norden des Sees: Zypressen wiegen sich leise im Wind, der doch stark genug ist, um Surfern den Rücken zu stärken. Sanft schiebt sich eine grüne Landzunge in den See, den krause Wellen kräuseln. Was will man mehr?

Wer könnte bei diesen quietschbunten Farben noch widerstehen? Vielleicht diese …

… Radler, die den motorgetriebenen Vespas körpereigene Pedalkraft entgegensetzen.

Top-Ten-Ziel für Mountainbiker

Special

Der Serpentinen-Star

Radlereldorado über dem Gardasee: die alte Straße hinauf zum Bergdorf Pregasina.

An manchen Kurven musste auf den Zentimeter genau hin und her rangiert werden, bis der Käfer aus Deutschland am Fiat Cinquecento aus Riva vorbei kam. Landeinwärts ging es senkrecht nach oben, zur Seeseite fiel die Steilküste jäh ab ins dunkelblaue Seewasser.

1990 wurde die gute alte Ponale – 1865 von den Österreichern als Militärstraße in die Felswände geschlagen – geschlossen. Zu gefährlich, hieß es, auch wegen Steinschlaggefahr. Doch die Rivaner kämpften um die schönste Straße über dem Gardasee, die bis zur Schließung die einzige Verbindung zum Ledrosee war. Zehn Jahre später gaben die Behörden nach: Heute ist sie wieder für Radfahrer und Fußgänger geöffnet und nun ein Eldorado für Mountainbiker – eine der Top-Ten-Strecken in Europa.

lung, im Mittelalter ein wichtiger Handelsplatz", erzählt Danilo, während er zwischen dem See und der Viale Dante Alighieri auf die Laubengänge an der aus dem 13. Jahrhundert stammenden Piazza III Novembre weist. Dahinter wirft der leicht schiefe Torre Apponale, ebenfalls aus dem 13. Jahrhundert, seinen Schatten. Knapp hundert Jahre früher wurde die Wasserburg Rocca di Riva errichtet.

Torbole hat zwar keine große Geschichte, aber den Endlosblick gen Süden. Vom Circolo Surf Torbole, Mattias' zweitem Wohnzimmer und dem Treffpunkt der Könner schlechthin, sieht man das Ende des Sees nicht mehr, der eingeklemmt zwischen zwei Bergketten ganz brav daliegt. Doch er kann auch anders, der See, gerade im Norden.

„Bei einem Unwetter in den 1950er-Jahren", erinnert sich Danilo, „ging eine Welle sogar mal über das Zollhäuschen am Hafen von Torbole. Es muss eine Drei-Meter-Welle gewesen sein".

Damals war Torbole noch ein armes Fischerdorf, scheinbar ohne Zukunft. Ob die beiden sich eine andere Heimat als Riva und Torbole vorstellen könnten? „Nein", sagt der 85-Jährige. „Nein", antwortet auch der 30-Jährige.

Mit einer Einschränkung: „Madagaskar vielleicht, wegen der Wellen – aber dort gibt's halt keine gute Pasta …"

Die echte Tradition

Original und originell

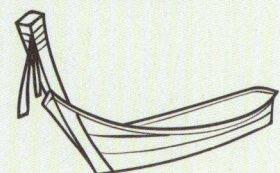

Traditionspflege verkommt ja zuweilen zur unansehnlichen Stulpenstiefel-Folklore, bei der Touristen unter sich bleiben und die Einheimischen nur noch ans Geschäft denken. Bei unserer Favoriten-Auswahl ist das anders: Touristen sind hier zwar durchaus gern gesehene Gäste – im Zentrum stehen aber die Einheimischen.

① Notte di Fiaba, Riva

In der Märchennacht, dem jeweils letzten August-Samstag, wird dem Sommer langsam „Ciao!" gesagt. Ganz Riva trägt Kostüme, um eine Legende zu feiern, in der es seit jeher um die Schönheit des Himmels, der Berge und des Wassers geht. Theatervorstellungen, Konzerte und Begehungen mit kostümierten Führern, natürlich Musik und Spiele runden ein Wochenende ab, das Samstagnacht mit einem sehenswerten Feuerwerk über der Bucht von Riva sein Finale hat.

Notte di Fiaba, Riva, www.nottedifiaba.it

② Ferragosto, Gardaseestrände

Der 15. August ist in Italien der wichtigste Feiertag, Höhepunkt des Sommers und der perfekte italienische Strandtag: Die ganze Familie kommt, vom Opa bis zur Enkelin, Klapptische und -stühle werden schon am Morgen in Position gebracht, der Grill aufgebaut – egal, ob der angelnde Papa in der brütenden Sommerhitze etwas fängt oder nicht, denn la Mama hat für alle Fälle vorgesorgt. Und in Garda (Abb. S. 47 rechts unten) treten an diesem Tag die verschiedenen Stadtviertel in einem nächtlichen Ruderbootrennen gegeneinander an, dem Palio delle Contrade.

Ferragosto, von früh bis nachts an allen Gardaseestränden

③ Festa del Nodo d'Amore, Valeggio sul Mincio

In Valeggio sul Mincio, gut zehn Kilometer südlich von Peschiera, findet jeden Juni eines der beeindruckendsten Kulinarikfeste der ganzen Region statt. Bei der Festa del Nodo d'Amore, dem Liebesknotenfest, werden rund 600 000 handgemachte Tortellini auf der Visconti-Brücke im Ortsteil Borghetto von etwa 4000 Gästen verspeist. Die Tische erreichen zusammengestellt eine Länge von 600 Metern. Es ist ein Fest für die Tortellini, übersetzt Liebesknoten, die in Valeggio erfunden wurden.

Festa del Nodo d'Amore, Visconti-Brücke in Borghetto, Valeggio sul Mincio, www.valeggio.com

④ Festa dell'Uva e del Vino, Bardolino

Anfang Oktober wird das Trauben- und Weinfest in Bardolino gefeiert. Auch wenn dieses inzwischen Kultstatus hat und in den letzten Jahren jeweils rund 100 000 Besucher anzog – la Festa dell' Uva e del Vino bleibt doch in erster Linie ein Fest der Weinbauern und Einheimischen. Im Zentrum der sich über fünf Tage hinziehenden Festivitäten steht natürlich die Weinverkostung des jungen neuen Bardolino Classico und Bardolino Chiaretto (Rosé) entlang der Strandpromenade zwischen Punta Mirabello und Punta Cornicello. Eine gute Gelegenheit für Weinliebhaber, sich den Rebensaft direkt vom Erzeuger einschenken zu lassen, Informationen aus erster Hand zu bekommen und ein bisschen zu fachsimpeln. Dazu gibt's dann noch überall im Zentrum regionale kulinarische Köstlichkeiten wie Risotti, Fisch, gegrilltes Fleisch mit Polenta. Hinzu kommt ein abwechslungsreiches Festtagsprogramm mit Musik & Show sowie als Höhepunkt ein Feuerwerk.

Festa dell'Uva e del Vino, im Zentrum von Bardolino, www.ababardolino.it

5 Lega Bisse, Südlicher See

„Bisse" sind Kanus, bei denen im Stehen gerudert wird – eine Reminiszenz an Venedig. In vielen Orten vor allem am südlichen See sieht man an windstillen Abenden, wenn der See ganz glatt ist, die Teams trainieren. Denn die Bandiera del Lago zu gewinnen, ist immer noch eine große Ehre. Die Regatten werden von Juni bis August ausgetragen, neben Garda auch in Bardolino, Lazise, Peschiera, Desenzano, Gardone Riviera, Gargnano, Torri del Benaco und Malcesine. Das Team Garda ist mit acht Titeln Rekordsieger.

Lega Bisse, meist am südlichen Gardasee, www.legabissedelgarda.orge

6 Bagno di Capodanno, Brenzone

Das Neujahrsschwimmen, immer am 1. Januar, nach dem Mittagessen ab etwa 15.00 Uhr, hat Tradition in der Gemeinde Brenzone. Um diese Zeit hat der See meistens sieben bis neun Grad, wie oft auch die Lufttemperatur. Die Mutigen kommen im Bademantel, mit Nikolausmütze oder gleich frech und frei in der knappen Badehose. Jeder Sprung (oder Gang) ins Wasser wird beklatscht, und jeder Neujahrsschwimmer bekommt zum Aufwärmen einen Glühwein, der allerdings eher lausig schmeckt.

Bagno di Capodanno, am Hafen von Magugnano, Brenzone, www.brenzone.it

7 Pasqua, Brenzone

Ein Ostermontag in einem nur noch von fünf Menschen bewohnten Dorf kann ganz schön lebhaft werden. Denn dann strömen alle aus den Brenzone-Gemeinden herbei, um in Campo in der kleinen Kapelle zunächst andächtig dem Pfarrer zu lauschen, ehe es anschließend kostenlose Spaghetti con le Sarde gibt, die in großen Kesseln über dem offenen Feuer gekocht werden. Auch hartgekochte Eier und Osterfladen werden hier ohne Entgelt gereicht. Eine wunderbare Atmosphäre inmitten des fast verlassenen Dorfs.

Pasqua, in Campo, Brenzone, www.brenzone.it

8 Raccolta delle Olive, Malcesine

Die Olivenernte gehört rund um den See zu den großen Ereignissen und viele Dörfer feiern im November, am Ende der Ernte, ihr Fest dazu. Der Besuch in Malcesine lohnt sich ganz besonders. Natürlich werden auch dort die jungen, noch trüben Olivenöle stolz präsentiert und können sowohl verkostet als auch gekauft werden. Aber am Kirchplatz von Malcesine wird mit dem jungen Olivenöl auch die traditionelle Carbonera (Polenta mit Käse und Olivenöl) gekocht: von starken Männern, denn der lecker schmeckende Maisbrei will in den mächtigen Kupferkesseln gut gerührt sein …

Raccolta delle Olive, am Kirchplatz von Malcesine, www.malcesinepiu.it

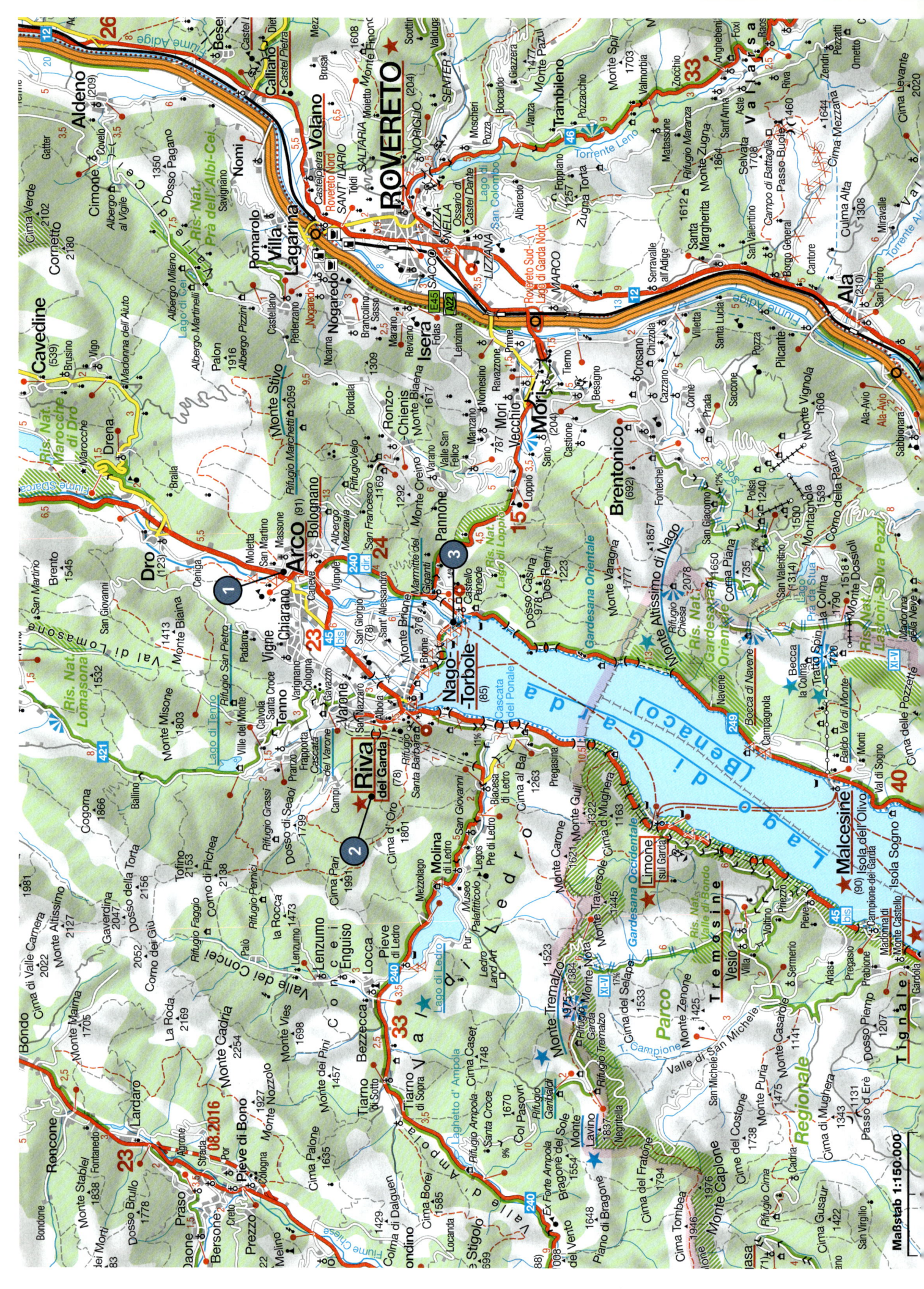

Endlich angekommen!

Am Südrand der Alpen, wo der von den Endmoränen eines eiszeitlichen Gletschers umgebene Gardasee seine Heimat hat, treffen alpine und mediterrane Landschaften aufeinander. Entlang der Serpentinenstraße von Nago runter nach Torbole begrüßen Zypressen und Oleander den Gast sowie unten, am Wasser, auch Palmen und Agaven. Endlich angekommen! Und jetzt nur noch genießen ...

1 Arco

Schon um das Jahr 1000 war der Burgberg von Arco besiedelt. In den letzten Jahren hat sich das Städtchen zu einem wichtigen Treffpunkt für Kletterer und Mountainbiker entwickelt. Die Sarca – der Zufluss des Gardasees – bietet Anglern beste Möglichkeiten.

SEHENSWERT

Im Zentrum erhebt sich mit der **Pfarrkirche Collegiata** (17. Jh.) einer der bedeutendsten Sakralbauten der späten Trentiner Renais-

Labsal für die Augen: die Strandpromenade von Riva mit dem Hotel Sole

sance. Östlich davon dehnt sich die Piazza III Novembre mit dem Palazzo Marchetti (1550) aus. Nördlich der Piazza beginnen Pfade durch Olivenhaine, auf denen man das unübersehbar den Ort überragende **Castello di Arco** in etwa 20 Minuten erreicht. Sehr schön ist von dort der Blick ins senkrecht abfallende, gut hundert Meter tiefe Sarcatal.

VERANSTALTUNGEN

Jeden August/September wird hier der **Rock-Master-Kletterwettkampf** in verschiedenen Disziplinen ausgetragen.

INFORMATION

Tourismusverband, Viale delle Palme 1, 38062 Arco, Tel. 0464/53 22 55, www.gardatrentino.it

2 Riva del Garda

Der einzige größere Ort an der nördlichen Spitze des Gardasees ist ein charmant mondän anmutendes Städtchen mit rund 15 000 Einwohnern. Ab dem 19. Jh. entwickelte sich Riva zu einem gefragten Kurort, 1815–1918 regierten die Habsburger den Ort. Das milde Klima, die Lage am See, das Stadtbild und einige Ausflugsziele sorgen auch heute noch für große Attraktivität bei den Urlaubern.

SEHENSWERT/MUSEUM

Die **Piazza III Novembre**, direkt am Hafen, ist von venezianisch-lombardischen Gebäuden und Laubengängen aus dem 13. Jh. gesäumt. Der für Gardaseeverhältnisse sehr große Platz ist das Zentrum von Riva und Standort für den **Palazzo Municipale**, das Rathaus, sowie den leicht schiefen **Torre Apponale**, der 1220 gebaut und im Lauf der Jahrhunderte als Vorratsspeicher für Weizen und Salz, als Kerker und natürlich als Beobachtungsplattform genutzt wurde. Seine heutige Höhe von 34 m erfolgte durch die Aufstockung im Jahr 1555. Nach 165 Stufen erreicht man die Aussichtsplattform (Juni–Sept. tgl. 10.00–18.00 Uhr, März–Mai Mo. geschl.). Vis-à-vis liegt die **Piazza San Rocco**, von wo man in ein paar Schritten am Ufer entlang auf das mit Figuren geschmückte und gelb leuchtende **Wasserkraftwerk Ponale** trifft. Die 500 Meter Höhenunterschied zum Ledrosee werden in Form von Wasserkraft in jährlich 80 Millionen Kilowattstunden Elektrizität umgewandelt. 1935 wurde die **Chiesetta Santa Barbara** auf 610 m Höhe in das Rocchetta-Massiv gebaut – von den Bergleuten, die sich nach Vollendung des Wasserkraftwerks Ponale dafür bedankten, dass beim schwierigen Bau so wenig passierte. Santa Barbara wird immer noch mindestens einmal pro Jahr von jedem Rivaner besucht. Zwei bis drei Stunden dauert der Fußmarsch. Und immer sonntags gibt's gegen eine kleine Spende

---

Tipp

Steil hinauf

....

Rund 80 **Klettergebiete** in allen Schwierigkeitsgraden stehen den Kletterern rund um **Arco** zur Verfügung. Manche Wände erreichen Schwierigkeitsgrade, die durchaus mit Dolomitenwänden zu vergleichen sind, etwa am Massone, wo die Extrem-Climber zu Hause sind. Es gibt aber auch genügend Felsen, an denen Anfänger üben können. Einwöchige Kletterkurse kosten ab 250 Euro; die Ausrüstung wird gestellt. Geführte Klettertouren werden ab 140 Euro angeboten.

INFORMATION

www.klettern-arco.com

in der nahen **Capanna Sociale Santa Barbara** Polenta. Ebenfalls am Hang des Rocchetta-Massivs, gut 100 m über dem See, befindet sich die **Bastion**, die 1508 im Auftrag der Venezianer errichtet wurde. Kurze Zeit später verloren sie die Herrschaft über Riva. Zu Fuß in rund 30 Min. zu erreichen; der beste Blick auf Riva. Von dort sieht man, dass **La Rocca** eine echte Wasserburg ist, da komplett vom Gardasee umschlossen. Sie wurde 1124 als Verteidigungswerk errichtet. Heute beherbergt sie das bedeutendste Museum des Orts, das **Museo Alto Garda** (MAG) mit einer wertvollen Gemäldesammlung und interessanten archäologischen Funden, Wechselausstellungen und Kunst-Workshops (Tel. 0464/57 38 69; www.museoaltogarda.it; Juni–Sept. Di.–So. 10.00 bis 18.00 Uhr, März–Mai und Okt./Nov. Mo. geschl., März–Sept. So. Eintritt frei). Neben der Burg liegt die **Spiaggia degli Olivi**, ein Strandbad aus den 1930er-Jahren, das sich wie ein Amphitheater an den See schmiegt. Der Sprungturm wird nicht mehr benutzt. Zwischen der Landzunge Punta Lido und dem kleinen Porto San Nicolò erstreckt sich der längste zusammenhängende Strand am Gardasee. Dahinter verläuft der **Lungolago**, die Seepromenade. Erst vor wenigen Jahren wurden etwas außerhalb des Zentrums die **Terme Romane** aus dem 1. Jh. entdeckt.

Tipp

Der Sonne nach

Eine **Rundfahrt um den Gardasee** ist mit dem Auto in einem Tag machbar. Aber man muss sich sputen, zum Fotografieren und für ein ausgiebiges Mittagessen bleibt kaum Zeit. Besser ist es, für die insgesamt rund 160 Kilometer zwei Tage einzukalkulieren und für den Nord- sowie den Südteil jeweils die Autofähre Torri-Maderno zu nutzen (im Sommer tgl. 8.00–20.00 Uhr). Die Westküste sollte man dabei stets morgens und die Ostküste für den Nachmittag einplanen. Auf diese Weise hat man die Sonne immer bei sich.

INFORMATION
Fähr-Info: www.navigazionelaghi.it

Was das Rocchetta-Massiv im Westen ist, stellt der nur 376 m hohe, aber markante Berg **Brione** im Osten dar: die Ortsgrenze. In knapp 2 Std. kann der Brione gemütlich bestiegen werden. Man marschiert durch ein Biotop und hat eine sehr schöne Aussicht auf den Südteil des Sees.

ERLEBEN
La Notte di Fiaba, die Märchennacht mit dem größten Feuerwerk am See, findet alljährlich gegen Ende der Hochsaison statt (den genauen Termin und Details zu vielen weiteren Kultur- und Sportveranstaltungen erfährt man unter www.gardatrentino.it/de/gardasee-veranstaltungen/).

AKTIVITÄTEN
Surfen und **Segeln** (z.B. Sailing du Lac, ein Multisportcenter mit Kursen, Brett-, Boot-, Kajak- und Bikeverleih sowie tollem Strandabschnitt, Viale Rovereto 44, Tel. 0464/55 24 53, www.sailingdulac.com). **Mountainbiken** und **Trekking**, **Klettern** und **Canyoning** kann man bei zahlreichen ortsansässigen Anbietern buchen (Liste beim Tourismusverband). Beim **Tauchen** lässt sich die Statue des Cristo Silente im Porto San Nicolò bestaunen, ein Werk des Künstlers Gernamo Alberti aus Riva, das in 15 m Tiefe steht (Kurse und Ausrüstungsverleih bei Club Gruppo Sommozzatori Fipsas, Viale Rovereto 140, Tel. 0464/55 51 20, www.grupposommozzatoririva.it). **Mietwagen** gibt's ab rund 80 € pro Tag bei Sixt (Via Monte Misone 12, Tel. 0464/55 16 35, www.sixt.de/mietwagen/italien/riva-del-garda/riva-del-garda).

EINKAUFEN
Markttag in Riva ist der Mittwoch, immer am 2. des Monats, von Juni bis Sept. zusätzlich am 4. Mittwoch des Monats.

RESTAURANTS
Das **€ € Ristorante Benacense** ist ein Traditionshaus an der Piazza III Novembre (Tel. 0464/55 22 49). Die **€ € € Locanda Restel de Fer** liegt versteckt und wirkt unscheinbar, aber es kommen typische trentinische Gerichte auf die Teller (Restel de Fer 10, Tel. 0464/55 34 81, www.resteldefer.com).

HOTELS
Der **€ € € € Lido Palace** ist Mitglied bei den Leading Hotels of the World (Viale Carducci 10, Tel. 0464/02 18 99, www.lido-palace.it). In puncto Design (außen: Belle Époque, innen: modern bis zuweilen schrill) scheiden sich die Geister.

UMGEBUNG
Gut 15 km südwestl. von Riva, über eine lange Tunnelstraße erreichbar, liegt der **Lago di Ledro**, ein ruhiger Bergsee mit einigen schönen Badeplätzen, Bootsverleih und einfachen Alberghi. Kurz vor Molina di Ledro – mit einer prähistorischen Pfahlbautensiedlung – findet man etwas abseits der Hauptstraße das Dorf Prè, wo jedes Jahr, an den ersten Tagen im Februar, La Festa del Sole, das Sonnenfest, gefeiert wird. Der **Lago di Tenno**, in den nördlichen Bergen des Gardasees gelegen, mutet von der Wasser-

Historisches Zollhäuschen im Hafen von Torbole.

farbe her fast schon karibisch an: Das klare türkisblaue Wasser und das Inselchen in der Mitte lassen einen die Berge ringsherum vergessen. Zwei Kiesstrände laden ab 570 m Höhe zum Baden ein. Bei Niedrigwasser kann man sogar zur Insel waten. Auf dem Weg, von Riva kommend, passiert man den Wasserfall Varone mit 100 m Fallhöhe.

INFORMATION
Tourismusverband, Largo Medaglie D'Oro al Valor Militare 5, 38066 Riva, Tel. 0464/55 44 44, www.gardatrentino.it

❸ Nago-Torbole

Während der 2200-Einwohner-Ort **Torbole TOP-ZIEL**, an der Mündung der Sarca in den Gardasee gelegen, vorwiegend Surfern alle nur denkbare Infrastruktur bietet, blickt man vom beschaulich auf einem Felsplateau darüber gelegenen Dorf Nago ganz gelassen auf das Treiben herab. Zusammen mit dem nur aus wenigen Anwesen südlich von Torbole bestehenden Tempesta bilden diese drei Orte die Gemeinde Nago-Torbole.

SEHENSWERT
Die **Casa del Dazio** in Torbole, das von den Österreichern im 18. Jh. errichtete Zollhäuschen am Hafen, in dem heute das Informationsbüro des Tourismusverbands untergebracht ist, fällt niedlich und blumengeschmückt jedem ins Auge, der den Ort Richtung Malcesine verlässt. Etwas versteckt im Ortskern liegt die **Casa Alberti**, wo neben dem kleinen Zierbrunnen ein Bronzemedaillon und eine Inschrift an den kurzen Aufenthalt von Johann Wolfgang von Goethe 1786 erinnern. Die Dorfkirche **Chiesa parrocchiale di Sant'Andrea** wurde bereits im Jahr 1175 erstmals erwähnt. Vom Kirchplatz mit Zypressen- und Olivenbaumreihen hat man eine sehr schöne Aussicht.

ERLEBEN
Das erste Gelato nach der Autobahn … Von Nago kommend, gleich nach der Serpentine am Parkplatz rechter Hand das Auto abstellen, von der kleinen Bar ein Eis holen, dann auf den Lago schauen, Panorama und Eis genießen. Jetzt beginnt der Urlaub! Auch die Aussichtsterrasse auf einem kleinen Felsplateau oberhalb von Torbole bietet einen Traumblick auf die unterhalb liegenden Häuser und den scheinbar endlos langen See. Gut für einen Snack, Aperol oder Eisbecher und viel Surf-Tratsch: **Wind's Bar** (Via Matteotti 11, Tel. 0464/50 63 49).

VERANSTALTUNGEN

Wie in Riva finden auch in Torbole jedes Jahr hochkarätige **Sport-Events** statt (Termine auf www.gardatrentino.it/de/gardasee-veranstaltungen/ – unter www.circolosurftorbole.com findet man auch die wichtigsten Termine zu **Surfwettkämpfen** und Meisterschaften).

AKTIVITÄTEN

Surfen, surfen und nochmals surfen: Dazu finden sich zahllose Anbieter und Geschäfte auf engstem Raum. Ein guter Treffpunkt ist der Circolo Surf in der Via della Lova 1 mit eigenem Strandabschnitt (siehe Aktiv). Für **Mountainbiker** gibt es fast genauso viele Strecken wie Anbieter für Touren und Material. **Scooter** kann man in der Via Matteotti bei Torbole Rent mieten (Tel. 0464/50 54 47). Der Ort ist aber auch Ausgangspunkt für **Autotouren** in das Gebiet des Monte Baldo, via Nago, Mori, Brentonico.

EINKAUFEN

Auch in diesem Punkt stehen das Surfen und die entsprechenden Accessoires im Mittelpunkt des (Shopping-)Interesses. Der legendäre **Point-7-Store-Torbole** liegt etwas außerhalb in der Via Sabbioni 15i, Tel. 0464/ 52 08 87, www.point-7.com.

RESTAURANTS

Die Restaurants in Torbole sind alle recht mäßig – es lohnt die Auffahrt nach Nago in die alte Burgruine, wo im € € € **Al Forte alto** der Chef Marcello Franceschi sehr gepflegte trentinische Küche auftischt. Die Ravioli werden mit Speck aus dem Val di Non gemacht, und Carne salada gibt's als leckeres Carpaccio vorneweg (Via Castel Penede 16, Tel. 0464/50 55 66, www. alfortealto.it).

UNTERKUNFT

Etwas abseits vom Trubel und ideal für Biker, mit Wasch- und Werkstattplatz sowie Übernacht-Wäscheservice für MB-Sportkleidung, ist das € € **Aktivhotel Santalucia** (Via Santa Lucia 6, Tel. 0464/505140, www.aktivhotel.it). Eine Alternative in Tempesta, 3 km südlich von Torbole, ist das in toller Lage ruhig und spektakulär auf einem Felsen direkt über dem See gelegene Hotel € € € **Villa Tempesta** mit Pool und moderner Ausstattung (Tel. 0464/50 51 00, www.hotelvillatempesta.it).

UMGEBUNG

Ein gut einstündiger Fußmarsch führt zu den **Marmitte dei Giganti**, auch Gletschertöpfe oder -mühlen genannt. Sie entstanden während der Gletscherschmelze vor etwa 50 000 Jahren. In **Nago** lohnt das Castel Penede, Schauplatz vieler kriegerischer Auseinandersetzungen und heute eine restaurierte Ruine mit Restaurant, kleiner Galerie und tollem Blick auf den Lago.

INFORMATION

Tourismusverband, Lungolago Conca d'Oro 25, 38069 Torbole, Tel. 0464/50 51 77, www.gardatrentino.it

Genießen   Erleben   Erfahren

Heißer Ritt über die Wellen

Das Windsurfen hat den Gardasee weltweit bekannt gemacht. Zwischen Torbole und Riva sind meist die Könner unterwegs. Am liebsten gehen die Cracks frühmorgens bei starkem Pelér aufs Brett. Für Anfänger sind Wind und Wellen dann meist zu stark.

Es ist gerade mal halb sieben. Die ersten Sonnenstrahlen blinzeln über den Monte Baldo – und siehe da: Der See ist schon voller bunter Segel. Das Zeitfenster ist einfach. „Von sechs bis zehn bläst der Pelér vom Norden, zwischen 13.00 und 19.00 Uhr die Ora vom Süden. Die Plätze mit den besten Windstärken sind bei Nordwind am Hotel Pier, auf halber Höhe zwischen Riva und Limone, sowie bei Südwind direkt vor Torbole, wenn die Ora warm und schnurstracks auf den Ort bläst": Verena Fauster weiß, wovon sie spricht. Der Gardasee ist ihr Revier. Die 38-Jährige ist nicht nur Biologielehrerin, sondern sie war auch vor wenigen Jahren Welt- und Europameisterin im Slalom-Windsurfen. Während der italienischen Sommerschulferien kann man sie beinahe täglich im Circolo Surf in Torbole treffen. Viele kennen sie, fragen nach Tipps – und die Südtirolerin gibt in der Regel gern Antwort.

„Der Mix zwischen Nord- und Südwind ist einzigartig", sagt sie. „Und dass sich in Torbole wirklich alles ums Surfen dreht – von früh bis nachts –, das liebe ich! Für mich gibt's einfach kein besseres Surfrevier." Das gilt übrigens auch für Zuschauer: Die Moves der weltbesten Freestyler anzuschauen, ist selbst dann eine wahre Augenweide, wenn man nicht vom Fach ist.

Weitere Informationen

Es gibt zahllose Anbieter von Surfkursen (Schnupperkurs ca. 55 Euro) und Brettverleih (Tagesmiete komplett ca. 60 Euro) in Torbole und Riva sowie am „Hotel Pier" (Tel. 0464/ 55 09 28, www.pierwindsurf.it). Dort auch Kitekurse und -verleih (Schnupperkurs ca. 180, Verleih pro Tag 80 Euro).

Informationen zu Wettkämpfen und Meisterschaften im Surfen am Gardasee findet man unter www.circolosurftorbole.com.

Im richtigen Licht

Die viel gerühmte Gardesana Occidentale führt am Westufer des Sees entlang von Riva del Garda im Norden über Limone, Gargnano, Maderno und Gardone bis ins südliche Salò. Die Westküste wird häufig als die schönere und vor allem als „die italienische Seite" des Gardasees bezeichnet, ist touristisch aber längst genauso in deutscher Hand wie die Ostküste.

Limone liegt dort, wo sich der Gardasee fjordartig verengt, an der Grenze zwischen den Provinzen Trentino und Brescia.

Erst mit dem Bau der – spektakuläre Ausblicke ermöglichenden – Gardesana Occidentale, der Westuferstraße, entwickelte sich das ehemalige Fischerdorf Limone zu einem Touristenmagneten.

Der Ortsname von Limone bezieht sich nicht auf die jahrhundertelang hier angebauten Zitrusfrüchte (oben eine der im Italienischen „Limonaia" genannten Orangerien), sondern leitet sich vom lateinischen Wort „Limes" für Grenze ab. Rechts: Man sagt, Limone habe ein sehr kontrastreiches Licht, besonders am Vormittag, wenn die Sonne auf den knapp 1200 Meter hohen Monte Mughera fällt und die Strahlen von den weißen Kalkwänden reflektiert werden. Doch in den engen Gassen findet man auch stets noch ein schattiges Plätzchen.

Das winzige Becken des von mittelalterlichen, blumenüberrankten Häusern umgebenen alten Hafens von Limone gibt den Blick frei auf den See und das gegenüberliegende Ufer.

> „Manche Leute bezeichnen den Gardasee als Deutschlands achtzehntes Bundesland – nach Mallorca."
>
> Franziska Wolffheim

Sind es die Zitronen? Ist es das Olivenöl oder vielleicht der Fisch vom See? Oder gar das Licht? „Ich weiß es nicht. Und wir können auch nichts belegen", meint Professor Cesare Sirtori. Dem Vorsitzenden der Forschungsgruppe Essgewohnheiten an der Universität Mailand fiel im Jahr 1979 durch Zufall eine Mutation auf. Der aus Limone stammende Valerio Dagnoli hatte viel zu hohe Cholesterinwerte, aber gleichzeitig säuberte ein Protein seine Adern wie Domestos die Küchenrohre. Der Professore ging der Sache nach, zapfte jedem in Limone lebenden Einwohner Blut ab. Und so fand der „Vampir", wie er seitdem im Ort genannt wird, bei weiteren 45 Menschen jenes durch Mutation entstandene Protein, das „Apolipoprotein" – kurz „A-1 Milano" – genannt wurde, weil man es in Mailand entdeckte. Das hat ganz Limone erzürnt: „A-1 Limone müsste das Protein doch heißen!", meint nicht nur Antonio Girardi, 75 Jahre alt. Früher war er der Präsident des Fremdenverkehrsamts von Limone und Chef des Hotelierverbands.

Im Dorf der Methusalems: Hundert Jahre Einsamkeit?

Bis zum Jahr 1918 glich das Fischernest – heute übrigens eine der reichsten Gemeinden Italiens – noch einer Insel. Der weiß-rot-weiße Grenzpfosten nördlich von Limone steht noch heute. Von ihm leitet sich auch der Ortsname ab: von „Limes", lateinisch für Grenze. Damals war dies Italiens nördlichster Grenzposten zu Österreich, nun markiert er den Übergang vom Trentino in die Lombardei. Nur per Schiff oder nach einem beschwerlichen Fußmarsch konnte man einst Limone erreichen – bis im Jahr 1931 die Gardesana Occidentale eingeweiht wurde. Diese Isolation förderte das Heiraten unter Verwandten. Und eine Laune der Natur bestrafte die Inzucht nicht mit genetischen Deformationen, sondern zauberte das „A-1 Milano" hervor. Die Folge: In Limone leben die meisten 80-Jährigen Italiens. Herzinfarkte sind hier deutlich seltener als im Landesdurchschnitt. Im Altersheim, ausgelegt für 30 Personen, leben gerade mal zwei nicht mehr ganz so fidele Bewohner. 2008 verstarb die ehemalige Dorflehrerin im biblischen Alter von 108 Jahren, und inzwischen gibt es erneut eine Hundertjährige, Teresina Girardi, obgleich sie – wieder eine Laune der Natur? – gar keine A-1-Trägerin ist. In ihrer Familie hat das Gen nur ein Vetter.

Antonio Girardi machte sich die Mühe, einen bis ins 17. Jahrhundert zurückreichenden A-1-Stammbaum zu recherchieren. Jeder der 1030 Einwohner

Dicht an die Kante eines steilen, üppig grün bewachsenen Felsens gebaut, thront die Wallfahrtskirche
Madonna di Monte Castello auf der Hochebene von Tignale rund 700 Meter hoch über dem See.

Längst hat sich die Gardaseeregion zu einem
riesigen Freizeitrevier entwickelt, in dem
auch Trendsportarten wie hier Canyoning bei
Tremosine begeisterte Anhänger finden.

Pieve ist der Hauptort der weit verzweigten, sich aus 18 verstreut liegenden Orten zusammensetzenden Gemeinde Tremosine.

Die Limonaia von Limone

Special

Wo die Zitronen blühen

Fava Ruggero aus Limone ist 90 Jahre alt und immer noch Limonenbauer. Seitdem er zehn Jahre alt ist, arbeitet er mit und für seine geliebten Zitronen: „Vier Ernten im Jahr!", sagt er stolz. Das funktioniert zwar selbst im vom Klima verwöhnten Limone nur in einem Gewächshaus, aber dabei handelt es sich auch um ein ganz besonderes Gewächshaus: die Limonaia. Charakteristisch dafür sind die eckigen Steinpfeiler auf langen Terrassen. Im Winter wurden die Limonaie durch große Glasfenster in Holzverstrebungen abgedeckt, um die Pflanzen vor Kälte, besonders vor Frost, zu schützen. Limone war lange Zeit das nördlichste Anbaugebiet für Zitronen, die einen wichtigen Wirtschaftsfaktor am See darstellten, auch für den Limonenbauer Fava.

„Aber heutzutage ist es nur noch ein Hobby. Alle Zitronen, die man heute in Limone kaufen kann, kommen doch aus Sizilien", erklärt der Limonenfreund etwas traurig. „Eine Zitrone

Im Garten des Rathauses von Limone

vom Gardasee müsste nämlich inzwischen rund zehn Euro kosten ...“

Gute Beispiele für zum Teil denkmalgeschützte Limonaie finden sich nicht nur in Limone, sondern auch in Gargnano, Toscolano und Torri del Benaco. Schön sind zudem in der Hochsaison die *Limonaia sotto le Stelle* in Limone – Abende mit Musik und Limoncello (www.ilimone.it/eventi-ilimone).

von Limone weiß also genau, wer von ihnen ein A-1-Träger ist. Dieser Stammbaum wurde im Museo del Turismo in der Via Comboni ausgehängt.

Wo bleibt der reiche Ami?

Guglielmo Pace etwa hat das Gen. Der 26-Jährige studiert Biotechnologie beim Vampir in Mailand und sagt: „Ich will hundert Jahre alt werden!" Bernardo Martinelli, der Fischer, hat das Gen nicht. Ist ihm auch egal. Denn er setzt auf die Renken, die er dreimal pro Woche im Gardasee fängt. Sein Vater Giacomo wurde, ebenfalls ohne Mutation, 90 Jahre alt und fischte bis zwei Monate vor seinem Tod. Elide Fava wiederum hat das A-1. „Leider ist nie ein reicher Ami gekommen und wollte für eine Blutspende von mir 10 000 Euro zahlen", sagt die 55-jährige Friseurin schmunzelnd. „Es würde ihm ja auch nichts nützen. Es ist ja eine reine Gen-Sache." Einmal kamen vier A-1-Träger gleichzeitig zum Haareschneiden. „Da war großes Hallo! Aber ansonsten: einen A-1-Club gibt es nicht. Nur der Herr Professor würde gerne zwei Träger miteinander verkuppeln. Aber wir haben hier doch keinen Heiratsmarkt!"

Der Pfarrer als Schlächter

Don Giuseppe Mattanza meint, „da wird ein bisschen auf Sensation gemacht in Limone". Sein Nachname ist furchterregend – Mattanza bedeutet im Dialekt

Gargnano (rechts und rechte Seite) ist der nördlichste Punkt jener „Brescianer Riviera" – dem von hier bis nach Salò reichenden Küstenstreifen –, den sich die „vornehme Welt" in Mailand und Brescia um die Wende zum 20. Jahrhundert als Standort prunkvoller Villen inmitten herrlich mediterran anmutender Natur auserkoren hatte. Vom Massentourismus blieb Gargnano selbst bis heute weitgehend verschont. Nichts für den kleinen Geldbeutel ist allerdings die direkt am Seeufer als Sommerresidenz der gleichnamigen Unternehmerfamilie erbaute Villa Feltrinelli (unten), in der man sich heute – nach einer rund 30 Millionen Euro teuren Renovierung – anschickt, die Kategorie Luxus als „Herberge" neu zu definieren. Kleinere Annehmlichkeiten wie ein eigener Hubschrauberlandeplatz dürfen dabei natürlich nicht fehlen.

Schlächter –, doch sein Wirkungskreis darf als atemberaubend bezeichnet werden: Als Pfarrer von Tignale gehört die zwischen Limone und Gargnano gelegene Wallfahrtskirche Madonna di Monte Castello zu seiner Gemeinde. In knapp 700 Metern Höhe scheint sie wie ein Balkon über dem See zu schweben – mit Blick in den Süden und auf das Monte-Baldo-Massiv am gegenüberliegenden Ufer. Don Giuseppe bedankt sich jeden Tag im Gebet, dass er „das Privileg hat, an einem der schönsten Kirchenplätze Europas wirken zu dürfen".

Don Giuseppe dankt jeden Tag für das Privileg, an einem der schönsten Kirchenplätze Europas wirken zu dürfen.

Der 55-jährige Theologieprofessor befasste sich ebenfalls mit dem Gen von Limone. Das Thema Inzucht wertet er „als positives Zeichen von Gott, auch wenn die Ursache negativ ist". Nach einer kurzen Pause fügt er hinzu: „Wussten Sie, dass Gargnano den höchsten Prozentsatz bei Krebserkrankungen in der Provinz hat?" Das soll wohl heißen: Gott gibt's, Gott nimmt's, mal hier, mal dort ...

Das hübscheste Dorf am See

In Gargnano ist es nie so voll wie die ganze Saison über in Limone. Gargnano biedert sich mit seinem touristischen Angebot nicht so an wie Bardolino. Und viele halten den Ort für den „italienischsten" am Gardasee. Zwischen 1943 und 1945 war die „Villa Feltrinelli" Mussolinis Residenz. Heute ist die denkmalgeschützte neogotische Villa mit ihrem herrlichen Park ein Luxushotel, dessen Preisliste Schwindelanfälle verursacht.

Ob Gargnano nun wirklich das hübscheste, ungeschminkteste Dorf am See ist oder nicht, ob das „italienische" West- wirklich dem „deutschen" Ostufer vorzu-

Dass Gabriele d'Annunzio ziemlich verrückt war, ist sicher noch das freundlichste, was man über den Dichter sagen kann. Im Wortsinn „ver-rückt" wurde auch dieses im Garten des Dichters gestrandete Vorschiff eines Marinekreuzers.

Kaiser, Könige und andere erlauchte Persönlichkeiten haben schon in Gardone Riviera residiert. Aber heutzutage wirkt der Ort fast das ganze Jahr über auf eine höchst angenehme Weise ziemlich verschlafen: wie die Antithese zu Alltagshektik und Urlaubsstress. Das Leben ist ein langer, ruhiger See, könnte man meinen – ins Spiel der Wellen eingeschrieben scheint eine Ahnung von Vergänglichkeit, vom Werden und Vergehen, was vielleicht etwas pathetisch klingt ... Aber auch für Pathos ist an einem Ort, den sich der eine Dichter, Gabriele d'Annunzio, zum Sterben aussuchte, und an dem ein anderer Dichter, André Heller, in einem botanischen Garten der Natur seine Referenz erweist, durchaus Platz.

Alltag in Gardone: Bougainvilleen säumen die Straßen – und betören die Sinne.

Gardones botanischer Garten wurde ursprünglich von Arthur Hruska angelegt.

Alltag im Grand Hotel Gardone: Auch hier geht es eher ruhig zu, ein leicht verblasster Charme vergangener Noblesse durchzieht das Gemäuer, und still plätschert der See.

Die Zeiten von „Wurstel con Krauti" sind vorbei. Und umgekehrt weiß inzwischen jeder Deutsche, dass italienische Küche nicht nur aus Pasta und Pizza besteht.

ziehen wäre? Letztlich sind das alles doch Glaubensfragen, für die Don Giuseppe zuständig bleibt.

Im 21. Jahrhundert hat sich doch längst alles vermengt. Italienisches Flair gibt's in Gargnano genauso wie in Malcesine. Die Zeiten von „Wurstel con Krauti" sind vorbei. Und umgekehrt weiß inzwischen jeder Deutsche, dass italienische Küche nicht nur aus Pasta und Pizza besteht. Gesprochen wird, hier wie dort, italienisch und deutsch. Geblieben ist lediglich die Grandezza der südlichen Westküste mit den Palazzi zwischen Bogliaco und Salò, den alten Grand Hotels von Fasano und Gardone sowie dem „Savoy Palace". Es gibt aber auch Leute,

die meinen, besonders in Maderno und Gardone sei einfach nur die Zeit stehen geblieben, als ob gegen Ende der 1960er-Jahre jemand „Stopp" gesagt hätte.

Glaubensfragen

Auch ob die Straße an der Westküste schöner ist als die am Ostufer entlang verlaufende, bleibt letztlich eine Glaubensfrage. Die 74 Tunnel auf der Westseite müssen allerdings erst mal überwunden werden. Sprich: durchfahren. Sie sind dunkel, feucht, muffig und zumindest für Rad-, Roller- oder Cabriofahrer nicht wirklich geeignet. Sicher, die Aussicht dazwischen ist klasse, aber genießen kann man sie kaum, da fast überall absolutes Haltever-

Frischer Fisch frisch auf den Tisch – dafür sorgt (vielleicht nicht ganz so, wie es das unten stehende Bild suggeriert) Gianni Briarava, il Patrone der ziemlich versteckt in einer kleinen, verkehrsberuhigten Gasse in Salò gelegenen Antica Trattoria alle Rose, die nicht nur für frischen Fisch, sondern auch für leckerste Vorspeisen und deliziöse Pasta bekannt ist. Ebenso genährt werden in der größten Stadt am Westufer die Bedürfnisse des kulturellen Conaisseurs – der gewaltige Duomo Santa Maria Annunziata (rechts) ist das bedeutendste spätgotische Bauwerk am ganzen See. Ansonsten gilt aber auch in Salò: Dem Flaneur (rechte Seite) ist nichts zu schwör. Beim Dahinschlendern an der Uferpromenade wird der Geist frei, die Luft bezirzt die Sinne, und wem vom Laufen die Beine erdenschwer werden und das Gemüt heiter, der kann dann ja einkehren, irgendwann, zum frischen Fisch auf dem Tisch.

bot gilt. Am Ostufer bietet dagegen die Gardesana Orientale einen fast durchgängigen Seeblick von Torbole bis Garda. Und dort gibt es nur neun Tunnel und bis zum Abend Sonne …

Von Gardone …

Lange bevor in Gardone einer mal Stopp gesagt hat, wurden dort um das Jahr 1900 herum Sonnenkuren angeboten. Wo einst König Georg von Sachsen im Liegestuhl lag, Literaturnobelpreisträger Paul Heyse sein Gedicht „Letzter Wille" schrieb (eine Ode an den Gardasee, an dem er „mit meinen süßen Träumen rastete … Am Ufer meines Sees, auf dessen Seiten der Frieden die Flügel schlägt …") und später Gabriele d'Annunzio über die Anlage seines Vittoriale nachdachte, kann man heute im „Ristorante Casino" gut speisen, inklusive Sonnenbaden auf der weitläufigen Terrasse.

Das schönste am Vittoriale degli Italiani – Gabriele d'Annunzios „Siegesdenkmal der Italiener" – ist der Blick vom vierterrassig angelegten Park aus auf den See. Als „skurrile Stätte seiner Selbstbeweihräucherung" wird die Anlage im Baedeker treffend beschrieben, und wer mehr über den dichtenden Dandy d'Annuncio mit seiner fatalen Neigung zum Faschismus wissen will, der kann sich im ebenfalls dort zu besichtigenden, mit allerlei Nippes angefülltem Wohnhaus d'Annunzios (s)ein eigenes Bild machen.

… nach Salò

In den Jahren 1943 bis 1945 herrschte Mussolini, den Gabriele d'Annunzio so verehrte, am Ende der Gardesana Occidentale. Der „Duce" machte das kleine Salò zum Regierungssitz und verhalf ihm so zu einem Platz in den Geschichtsbüchern. Heute hat Salò aber viel mehr zu bieten als diese zweifelhafte Historie. Die Uferpromenade mit ihren Dachterrassenhäusern gehört zu den schönsten am See. Die Arkaden und Palazzi haben Flair. Nur die Bucht ist klein und eng. Da kann das Gefühl für den großen Gardasee leider recht schnell verloren gehen.

LEFAY RESORT & SPA LAGO DI GARDA

Drei Buchstaben – eine Wohltat

Die von dem gleichnamigen belgischen Badeort hergeleitete Bezeichnung „Spa" ist zu einem Synonym für Wellness, Beauty und Gesundheit geworden. Hoch über Gargnano gelingt einer Airliner-Familie mit dem „Lefay Resort & SPA" die angenehmste Interpretation am Gardasee.

„Luxus ist nicht das, was glitzert, sondern das, was uns im tieferen Sinne gut tut", sagt Alcide Leali, Sohn der Besitzerfamilie des Lefay Resort & SPA. Während mancher Konkurrent am See sein Spa nebst Ayurveda-Angebot in die klassische Ferienhotelarchitektur kleidet, setzt man hier auf ganzheitliches Wohlbefinden, das eben schon bei der Architektur beginnt.

Von außen wirkt das lichtdurchflutete Resort wie eine traditionelle Limonaia. Sämtliche Suiten – nur solche gibt es – sind mit natürlichen Materialien ausgestaltet, mit Marmor, Nuss- und duftendem Olivenholz. Zum ganzheitlichen Wohlfühlen gehört für viele aber auch die Umweltverträglichkeit. 93 Prozent der Energie für Heizung, Warmwasser und Pools stammt aus erneuerbaren Quellen.

In der Küche setzt man selbstredend auf regionale und saisonale Produkte, denn Alcide sieht „den Esstisch als integralen Bestandteil eines Wegs zum Wohlbefinden". Dazu gehört in Italien auch eine gute Flasche Wein. Aber wer zum entschlackenden, kalorienarmen Menü des Chefs de Cuisine Matteo Maenza lieber einen frischen Saft oder lauwarmes Wasser trinken möchte, wird nicht schräg angeschaut. „La Leggerezza nell'Essere" heißt Maenzas gemäß der energetischen Ernährungslehre entwickelte Speisenfolge, übersetzt: „Die Leichtigkeit des Seins". Was auch eine gute Basis für ganzheitliche Wellness ist: Wer Saft zum Din-

Oben, linke Seite und diese Seite unten:
Lobbyisten und Panoramablicke in einem
der Healing Hotels of the World.

ner trinkt, trinkt halt Saft. Wer klassische italienische Küche vorzieht: bitte! Und wer in der Sauna die Badehose nicht ausziehen will, wie viele Italiener, der lässt sie eben an.

Wiederherstellung der Lebensenergie

Im Spa selbst setzt man auf die Wiederherstellung der Lebensenergie nach den Prinzipien der traditionellen chinesischen Medizin, auf die Beachtung der Energiebahnen sowie auf den Ein-

satz von Massagetechniken, Heilpflanzen und Nadeln. Wer sein Wohlbefinden lieber ohne Anwendung suchen will, der wird in je zwei Süß- und Salzwasserpools fündig (innen leider mit recht lauter Hallenbadatmosphäre), einer Relaxgrotte, je einer Dampf-, Kräuter-, Olivenholz-, Finnischen und Damensauna. Ergänzt wird das alles dann noch um einen unverbauten Blick auf den See einerseits und die beiden schönen Bergrücken Pizzocolo und Fassane andererseits.

Was und wo?

....

Lefay Resort & SPA Lago di Garda (Suite mit À-la-carte-Halbpension und Spa-Benutzung ab 340 Euro), Via Feltrinelli 136, 25084 Gargnano, Tel. 0365/24 18 00, www.lefayresorts.com

Luxus ist nicht das, was glitzert, sondern das, was uns im tieferen Sinne gut tut.

An der Limonenriviera

Das Westufer des Gardasees hat nur wenig Raum. Vom Norden her kommend breitet sich der See nach Osten aus – im Westen streben fast überall Steilwände gen Himmel. Trotzdem haben sich an den wenigen Nischen entlang der Gardesana Occidentale liebenswerte Dörfchen eingenistet, die alle einen ganz eigenen Charme verströmen.

❶ Limone

In der Hochsaison ist Limone (1000 Einw.) meist überlaufen. Durch die engen Gassen des kleinen Orts sollte man sich einfach treiben lassen.

SEHENSWERT

Das Rathaus wird in Limone „La Casetta", das Häuschen, oder offiziell **Villa Boghi** genannt. Im Park mit herrlichem Blick auf den Obersee hat man Zugang zur **Limonaia del Castel**, einem der schönsten Zitronengewächshäuser am See. Seit dem 18. Jh. wurden dort Zitronen auf mehr als 1600 m² angebaut (April–Okt., tgl. 10.00–18.00 Uhr). Das **Museo del Turismo** im ehemaligen Gemeindehaus der Via Comboni zeigt zum einen die touristische Entwicklung des Orts, gibt aber auch weitere Informationen

In dramatischer Lage zwischen Steilwand und See: das zu Tremosine gehörende Campione (oben). Rechts: an der Gardesana Occidentale.

zum A-1-Protein, das weltweit nur in Limone vorkommt (April–Okt. tgl. 10.00–22.00 Uhr).

ERLEBEN …

… sollte man den Blick von der **Gardesana Occidentale** TOPZIEL , der Staatsstraße SS 45, auf Limone mit den Kirchen San Benedetto und San Pietro vom Parkplatz des Splendid Palace aus (Via IV Novembre 70); von dort gelangt man praktisch mit dem Hotellift ins Ortszentrum.

VERANSTALTUNGEN

Zum Ende der Hochsaison gibt's Wasserfontänen und Feuerwerk bei der **Fontane-Danzanti-Nacht** (http://ilimone.it/eventi-ilimone).

AKTIVITÄTEN/SHOPPING

Auch in Limone kann man sehr gut surfen oder kitefahren; Material und Kurse bei WindRiders (Via Nova 24, Tel. 348/8 97 54 67, www.windriders.eu). **Autos, Scooter** und **Mountainbikes** sind in der Via Einaudi bei Tombola Rent zu mieten (Preise: ab 70, 40, 18 € pro Tag; Tel. 339/598 36 86, www.tombolarent.it). **Markttag** in Limone ist Dienstag (8.00–14.00 Uhr).

RESTAURANT/UNTERKUNFT

Tagliolini fatti in casa mit Zitronencremesauce schmecken im € € **Le Palme**, dazu Salat, Filet und Sorbet als 4-Gang-Menü (Via Porto 36, Tel.

0365/95 46 81, www.sunhotels.it). Umgeben von Zitronengärten und Olivenhainen, entfernt vom Autoverkehr, direkt am See und auch sehr nahe am historischen Zentrum liegt das Hotel € € **Al Rio Se**, mit Privatstrand und Bojen (Via Nova 12, Tel. 0365/95 41 82, www.hotelalriose.com).

INFORMATION

Tourismusverband, Via IV Novembre 25, 25010 Limone, Tel. 0365/95 40 08, www.visitlimonesulgarda.com

❷ Campione/Tremosine

Dies ist der einzige ortsplanerische Fehlgriff am Gardasee, ein gescheitertes Investmentprojekt. Das Dorf besaß 1910 die erste Industrie am See, Baumwollspinnereien, aber nach 1945 zogen die Jungen weg. Das Projekt „exklusiver Segelhafen" hatte keinen Erfolg, die teuren Apartments dazu stehen weitgehend leer. Campione gehört zu Tremosine und hat nur noch rund 200 Einwohner. Die Lage zwischen See und Steilwand wirkt wohl nirgends dramatischer als hier.

AKTIVITÄTEN/EINKAUFEN

Campione gilt als Top-**Segel**-, **Surf**- und **Kite**-spot. Ausrüstung und Kurse bei Tender Wind-

Tipp

Hausgemacht

....

„Vier Tage muss er ziehen", sagt Claudio Usardi über den Limoncello für seine Gäste der **Bar Gemma** an der Piazza Garibaldi in **Limone**. Ein Limoncello besteht ja nur aus Zitronenschalen, Zucker und 90-prozentigem Alkohol. Hundert Liter pro Jahr erzeugt er. „Dafür brauchen wir die Schale von 300 Zitronen, die alle aus dem Familiengarten kommen. Und was es auch nur bei uns gibt: In einige Liter gibt mein apulischer Küchenchef Donato noch einen Schuss pasteurisierte Milch."

surf (Via Verdi 9, Tel. 0365/916900, www.ten
dersurf.it).

RESTAURANT/UNTERKUNFT

An der Punta Forbisicle in Traumlage direkt
über dem Wasser speisen: € € **Forbisicle** (Tel.
0365/79 98 80, www.hotelforbisicle.it). Nicht
unten am See, sondern oben auf der Alm kann
eines der nur fünf Zimmer im € **Agriturismo
La Zangola** gemietet werden (Via Crune 30,
Sompriezzo di Tremosine, Tel. 0365/95 32 29,
www.lazangola.info).

UMGEBUNG

Die Gemeinde **Tremosine** besteht aus 18 Dörfern, 17 davon auf der Hochebene. Sie liegen in
engen Tälern, auf Anhöhen oder Ebenen inmitten
von Wiesen und Pinienwäldern. Eine kurvenrei-
che Fahrt durch die Dörfer gehört zu den Musts
über dem See. Unbedingt in **Pieve** an der Schauderterrasse stoppen (siehe S. 18/19), und am
besten auf der Hochebene kurvenreich weiter
nach **Tignale** fahren. Dort besitzt **Madonna di
Monte Castello** TOPZIEL die größte Votivtafel
aller Wallfahrtskirchen Italiens aus dem 16. Jh.
(rechts neben dem Eingang). Die Madonna
selbst schuf im 14. Jh. ein Giotto- Schüler, die
Krone kam erst im 19. Jh. dazu, höchstamtlich
genehmigt vom Vatikan. Das Monumento Nazio-
nale Italia ist von Ostern bis Oktober geöffnet
(tgl. 9.30–19.00 Uhr).

INFORMATION

Tourismusverband, Piazza Marconi 1,
25010 Pieve di Tremosine, Tel. 0365/95 31 85,
www.tremosine.com

❸ Gargnano

Gargnano TOPZIEL ist einer der beschaulichsten Orte am See (rund 3300 Einwohner inklusive zehn weiterer Dörfer).

SEHENSWERT

Die Kirche **San Francesco** von 1289 bestimmt
das Ortsbild. Im angeschlossenen, noch älteren
Kloster findet man den Sarkophag des Namens-
gebers, Argilo da Gargnano. Dessen Mönche
brachten im 13. Jh. die ersten Zitronen an den
Gardasee. Am niedlichen **Hafen** steht das **Rathaus** und wenige Schritte weiter der **Palazzo
Feltrinelli**, in dem während der Salò-Regierung
die Faschisten einige Ministerien einquartiert
hatten. Der südlich gelegene Ortsteil Bogliaco
protzt mit der spektakulären **Villa Bettoni** aus
dem 18. Jh., ihrem italienischen Garten und den
Limonaie (Privatbesitz, nur von außen zu besichtigen).

VERANSTALTUNGEN

Die **Centomiglia**, immer im September, gehört
zu den wichtigsten internationalen Segelregat-
ten auf Binnengewässern (www.centomiglia.it).

AKTIVITÄTEN/EINKAUFEN

Den 1912 eröffneten **Golfplatz** von Bogliaco
verwandelten die italienischen Faschisten um
1930 in ein Getreidefeld und wenig später die

Die Villa Bettoni in Gargnano wird als „Schönbrunn des Gardasees" gerühmt.

Deutschen in eine Flugzeugpiste; nach dem
Krieg machten die Amerikaner daraus einen
Baseballplatz. Seit 1953 darf hier wieder Golf
gespielt werden (Tel. 0365/64 30 06, www.golf
bogliaco.com). **Markt** ist jeden zweiten Mittwoch (8.00–13.00 Uhr).

RESTAURANT/UNTERKUNFT

€ € € € **La Tortuga** gehört zu den wenigen
Restaurants am Obersee mit Michelin-Stern
(Via XXIV Maggio 5, Tel. 0365/7 12 51, www.
ristorantelatortuga.it). Das € € € € **Grand Hotel
a Villa Feltrinelli** ist eine der besten Luxus-
herbergen in Europa, 5 Sterne, 300 m langes
privates Seeufer, stilsichere Eleganz, perfekter
Service und Rosenblätter im WC-Wasser (Via
Rimembranza 38, Tel. 0365/79 80 00, www.villa
feltrinelli.com).

INFORMATION

Tourismusverband, Piazzale Boldini 2,
25084 Gargnano, Tel. 0365/79 12 43,
www.gargnanosulgarda.com

❹ Toscolano-Maderno

Mit knapp 8000 Einwohnern ist Toscolano-
Maderno eine der größeren Gemeinden am See.
Der Doppelort (seit 1928) liegt auf einer Halbinsel, die vom Torrente Toscolano in Nord und Süd
beziehungsweise in Toscolano und Maderno
geteilt wird. Maderno ist der schönere Teil.

SEHENSWERT/EINKAUFEN

Der **Lungolago Zanardelli** mit dem Lido von
Maderno gehört zu den längsten und schönsten Seepromenaden am Gardasee. Toscolano
kontert zwar mit den Fundamenten der römischen Badevilla **Nonii-Arii**, hat aber einen
deutlich kleineren Lido. Seit 1606 das Zentrum
von Maderno: der **Gonzagapalast**, in dem die
Herzöge von Mantua ihre Sommer verbrach-
ten. Später kam die unterirdisch verbundene
Villa del Serraglio dazu. **Markttag** ist der
Donnerstag (8.00–13.00 Uhr).

RESTAURANT/HOTEL

Etwas oberhalb gibt es in der € € **Osteria ai
Cantagai** typische Brescia-Küche mit den be-
rühmten Fleischspießen: Spiedo Bresciano con
Polenta (Via Del Sarto, 25088 Gaino di Toscolano-
Maderno, Tel. 0365/64 17 85, www.osteriacan
tagai.it). Das € € € **Hotel Villa Maria au Lac**
liegt direkt am Ufer und hat einen Privatstrand
zu bieten. Selten am Lago: Das Frühstück wird

auf der sonnigen Terrasse serviert (29 Zimmer,
Via Roma 45, Tel. 0365/54 62 01, www.hotel-villa
maria.it).

UMGEBUNG

Außerhalb des Doppelorts findet man im Norden schöne Limonaie und im Westen das **Tal
der Papiermühlen** mit vier Ruinen und einem
Museum (www.valledellecartiere.it).

INFORMATION

Tourismusverband, Lungolago
Zanardelli 15, 25088 Toscolano-Maderno,
Tel. 0365/54 60 11, www.comune.
toscolanomaderno.bs.it

❺ Gardone Riviera

Schon im Jahr 1884 ließ hier ein österreichischer Hotelier ein 400-Zimmer-Grand-Hotel er-
bauen, das heutige Grand Hotel Gardone. Der
Ort mit seinen 2500 Einwohnern bietet nostal-
gische Atmosphäre – und viel Ruhe.

SEHENSWERT/MUSEUM

Ein Bummel durch den Ort zeigt: Hier scheint
die Zeit zuweilen stehengeblieben zu sein. Ver-
wunschene **Villen** von A wie Alba bis V wie Vio-
letta finden sich zuhauf, viele mit Faschismus-
Geschichte. Der markante **Torre San Marco**
soll einst der Treffpunkt für Mussolini und
seine Geliebte Claretta Petacci gewesen sein.
Nicht nur für Heller-Fans ist die **Fondazione
André Heller** zu nennen: ein schöner botanischer Garten (März–Okt. tgl. 9.00–19.00 Uhr).
Der Lieblingsdichter des faschistischen Italien,
Gabriele d'Annunzio, geizte nicht mit Exponate-
ten: Im **Vittoriale degli Italiani** taucht wie
eine Fata Morgana mitten im dicht bewachsenen Hügel das Kriegsschiff „Puglia" auf, das
dem Dichter von der italienischen Kriegsma-
rine geschenkt wurde. Auch das Flugzeug, mit
dem d'Annunzio im Jahr 1918, kurz vor dem
Ende des Ersten Weltkriegs, über Wien flog, um
Propagandaflugblätter abzuwerfen, ist hier zu
sehen (Via Vittoriale 12, Tel. 0365/29 65 11, www.
vittoriale.it, Kernöffnungszeiten tgl. außer Mo.
9.00–17.00 Uhr, Innenbereiche nur mit Führung).

AKTIVITÄTEN

Wo die Grandezza zu Hause ist, kann man auch
mal ein feines **Segel-** oder **Motorboot** mieten, bei Garda Yachting Charter (ab 180 bzw.
200 Euro pro Tag, Porto Maderno, Tel. 0365/
54 83 47, www.gyc.it).

RESTAURANT/UNTERKUNFT

Das € € € **Ristorante Casinó** punktet mit authentischer Belle-Epoque-Atmosphäre, fantastischer Lage am See und gutem Essen (Corso Zanardelli 166, Tel. 0365/2 03 87, www.ristorante casino.com). Von den drei klassischen Grand Hotels hat das € € € € **Grand Hotel Fasano** mit seinem Spa leicht die Nase vorn (Corso Zanardelli 190, 25083 Fasano di Gardone Riviera, Tel. 0365/29 02 20, www.ghf.it). Illustre Gäste wie Churchill und Nabokov stiegen einst im € € € **Grand Hotel Gardone** ab (Corso Zanardelli 84, Tel. 0365/2 02 61, www.grandhotel gardone.it). Das € € € **Savoy Palace** ist mit 60 Zimmern das kleinste der drei Großen, liegt aber nicht unmittelbar am Ufer (Corso Zanardelli 2, Tel. 0365/29 05 88, www.savoypalace.it).

INFORMATION

Tourismusverband, Via Repubblica 6, 25083 Gardone Riviera, Tel. 0365/2 03 47, www.zitronenriviera.de

 **Salò**

Das Städtchen mit seinen über 10 000 Einwohnern war zwei Jahre lang die Hauptstadt der faschistischen Repubblica Sociale Italiana. Beständiger als diese Republik von Salò erwies sich zum Glück die Lage des Orts an der Seeenge im Südwesten.

SEHENSWERT/MUSEUM

Ein wunderbarer **Lungolago**! Dort befinden sich auch der prächtige **Palazzo della Magnifica Patria** von 1524, schattige Arkaden und Palmen. Der Dom **Santa Maria Annunziata** aus dem 16. Jh. besticht trotz des marmornen Renaissanceportals durch Understatement. Geschichtsinteressierte finden im **Historischen Museum** des blauen Bandes weitreichend Aufklärung, auch über die Jahre 1943 bis 1945 (Via Fantoni 49, www.museonastroazzurro.it, Sa./So. 10.00–12.00 und 15.00–18.00 Uhr).

ERLEBEN/EINKAUFEN

Hier gibt es das beste Eis am See – die lange Schlange am Domplatz weist den Weg zur **Casa del Dolce** (Tel. 0365/22162). Wenn es um Mode- und Schuhgeschäfte geht, erinnert Salò ein bisschen an Mailand. Die **Piazza Zanelli**, die **Via San Carlo** und **Via Butturini** bieten alles, was eine Ragazza für ihren Stil braucht. **Markttag** ist Samstag (8.00–13.00 Uhr).

RESTAURANT/UNTERKUNFT

Für gehobenes Tafeln bietet sich die € € € **Antica Trattoria alle Rose** an (Via Gasparo da Salò 33, Tel. 0365/4 32 20, www.trattoriaalle rose.it). Eine schöne 4-Sterne-Ausnahme unter viel Durchschnitt in Salò: € € € **Romantik Hotel Laurin** (Viale Landi 9, Tel. 0365/2 20 22, www.hotellaurinsalo.com).

INFORMATION

Tourismusverband, Lungolago Zanardelli (im Palazzo Communale), 25087 Salò, Tel. 0365/2 14 23, www.comune.salo.bs.it

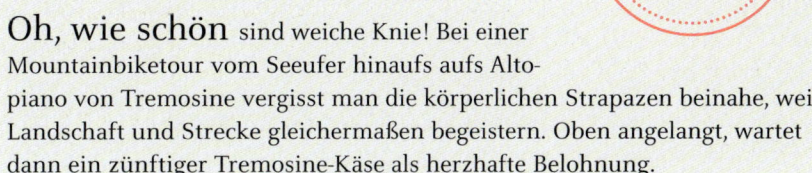

Himmel und Hölle

Oh, wie schön sind weiche Knie! Bei einer Mountainbiketour vom Seeufer hinaufs Altopiano von Tremosine vergisst man die körperlichen Strapazen beinahe, weil Landschaft und Strecke gleichermaßen begeistern. Oben angelangt, wartet dann ein zünftiger Tremosine-Käse als herzhafte Belohnung.

Pfarrer Don Giacomo Zanini gab 1913 die Anregung, vom Hafen Campione di Tremosine aufs Plateau nach Pieve di Tremosine eine Straße zu bauen. Besonders Mountainbiker sind ihm dankbar für diese Idee, auch wenn sie den Himmel von Pieve nur erreichen, indem sie durch die Höllenschlucht des Wildbachs Brasa radeln. Aber der Reihe nach: Zunächst ist da der Blick entlang der Steilwand nach oben. Wie war es nur möglich, dass eine Straße bis aufs Altopiano führen kann, das in Luftlinie nicht versetzt 300 Meter direkt über einem liegt? Jahrhundertelang gab es nur einen Pfad vom Hafen nach Pieve, auf dem Holz und Kohle, aber auch Oliven und Weizen geschleppt wurden. Den Kot der Esel sammelten die Treiber auf dem Rückweg als Brennmaterial wieder ein …

Oberhalb des Fußballplatzes von Campione geht's los in Richtung Tunnel nach Riva, dann links halten, der alten Straße von Don Giacomo folgen und durch die kühle Brasa-Schlucht fahren, die auch Höllenschlucht genannt wird. Die Straße wurde mal kühn auf Felsvorsprünge gesetzt, mal aus dem Felsen gehoben. Sie schlängelt sich weiter bis Pieve, immer wieder mit fantastischen Panoramaausblicken garniert. Dort angekommen, ist es Zeit für eine Stärkung mit dem vor Ort gemachten Tremosine-Käse, ob aus dem Alimentari oder im Ristorante.

Weitere Informationen

Die Tour ist 23 Kilometer lang, beinhaltet insgesamt knapp 750 Höhenmeter, da es immer wieder auf und ab geht, hat einen mittleren Schwierigkeitsgrad und kann in vier bis fünf Stunden mit einem Mountainbike gefahren werden. In Pieve gibt es mehrere Übernachtungsmöglichkeiten, darunter das „Hotel Miralago" mit seinem Restaurant-Balkon mit Überhang, 300 Meter über dem See (DZ ab 65 Euro, Piazza Cozzaglio 2, Tel. 0365/95 30 01, www.miralago.it).

Bello Lago – oben ohne

Fahrvergnügen, Gaumenfreuden, Badespaß – alles nach Lust und Laune: La Dolce Vita in einem Cabrio auf der Gardesana Orientale, der Staatsstraße SS 249, die am Ostufer des Sees entlang vom Norden geradewegs über Malcesine und Brenzone bis nach Torri del Benaco führt. Olivenbäume und Zypressen bestimmen hier das Bild auf 40 grandiosen Kilometern – Urlaubsvergnügen pur.

Der Burgfelsen, zu dessen Füßen sich das alte Malcesine gruppiert, scheint förmlich aus den engen Gassen emporzusteigen.

Burgfräulein: Malcesines gesamte, sich aus mehreren Gebäuden zusammensetzende Festung ist heute als Museum zugänglich.

Altstadtbummel: Für Goethe war Malcesine „der erste venezianische Ort an der Morgenseite des Sees".

Wer mit dem Boot nach Malcesine fährt, mit der Fähre von Limone her etwa, der bekommt den schönsten Eindruck von der Stadt.

„Che bella!" Zwei Bauarbeiter stützen sich an der Viale Roma von Malcesine auf ihre Schaufeln und spendieren bewundernde Blicke. Eine vorbeischlendernde Blondine schaut kurz verwirrt, dann stöckelt sie weiter. Die Arbeiter glotzen doch tatsächlich nicht ihr, sondern einem Cabrio nach!

Italien und Erotik ...

... gehören ebenso zusammen wie Italien und flotte Autos, Spaghetti al dente, Sonne, Seen und Meer. Und der Gardasee verkörpert gerade entlang der Gardesana Orientale noch etwas von jenem Italien, das einst für die Deutschen kein Reiseziel war wie viele andere, sondern ein Traum. Damals saßen die deutschen Froilein noch romantisch am Ufer und wurden besungen von liebeshungrigen Italienern mit schwarz gelocktem Haar und Ringel-T-Shirt. Das Leben schien heiter und unbeschwert, kaum ein Wölkchen trübte den Himmel.

James Bond und der See

Und genau so ein Tag ist heute – just an der Stelle, wo James Bond auf der Geraden zwischen Torbole und Malcesine seinen Aston Martin im See versenkte. Genaugenommen war es ein Techniker der Filmcrew, der der Orientale nicht widerstehen konnte, viel zu schnell fuhr und dann sogar flog: durch die Leitplanke in den See ... Zum Glück konnte sich der 29 Jahre alte Fahrer ans Ufer retten, der Sportwagen aber sank 50 Meter tief. Versenkt wurden damit auch 160 000 Euro. Für den 22. Bond-Film, „Ein Quantum Trost", war das Team zwei Wochen lang am Gardasee. Ergebnis: nicht einmal zwei Minuten Filmsequenz. Unfälle gab es während der Dreharbeiten gleich drei: neben dem geschilderten „Ausflug" einen Blechschaden am echten Spielauto auf dem Parkplatz des Crew-Hotels „Du Lac et du Parc" in Riva und einen weiteren Totalschaden mit einem Attrappenauto auf der Gardesana Occidentale bei der Auffahrt nach Tremosine. Als Entschädigung für die andauernden Stra-

Von Malcesine fährt eine Seilbahn hinauf zum
Monte Baldo (2218 Meter).

Picknick zu zweit: Von oben hat man einen herrlichen Blick auf den
See und hinüber zu den Südalpen.

Auch Outdoorfreaks kommen in der grandiosen „Sportarena Monte Baldo" auf ihre Kosten. Dabei sollte man aber nicht all die kleinen Kostbarkeiten am
Wegesrand übersehen: Da der Baldo während der letzten Eiszeit teils unvergletschert blieb, überlebten hier viele Endemiten die lange Kälteperiode.

Die faszinierende Bergwelt des Benacus, wie der 370 Quadratkilometer große und bis zu 346 Meter tiefe Gardasee bei den Römern hieß, kann man völlig stressfrei erleben: beim Radeln und Wandern.

ßensperrungen schenkte die 007-Filmproduktionsfirma der Gemeinde übrigens einen Krankenwagen, aber kein „Quantum Trost": Im Film wird der Gardasee mit keiner Silbe erwähnt.

Im Cabrio nach Malcesine

Unser Wagen gleitet über die Gardesana Orientale, genüsslich, ohne Eile; wir behalten den Lago stets im Blick. Knapp 40 Kilometer lang ist die Strecke zwischen Torbole und Torri. Die Straße führt immer am Wasser entlang, aber auch durch Ortschaften, und drei Inseln scheinen zum Greifen nahe. Man sieht traumhafte Villen „mit Blick auf den See" und dazwischen immer wieder einen Campingplatz, dessen vergleichsweise nüchterner Anblick einen zurück auf den Boden holen sollte, um nicht schwärmerisch abzuheben ob all der gardesanischen Oberflächenreize und dann vielleicht in einem ebenso hohen Bogen ins Wasser zu fallen wie der Mann für „James Bond".

Das erste Highlight ist Malcesine. An der Spitze eines Felsvorsprungs thront die mittelalterliche Skaligerburg, vielleicht die schönste am ganzen See. Herausgeputzte Häuschen in winkeligen Gassen mit rundem Kopfsteinpflaster und vielen, vielen Topfpflanzen, steile Treppen hier, ein wie gemalt wirkender

Innenhof dort – wenn nur nicht die ungezählten Souvenirläden wären. Boutiquen, Pensionen, Restaurants und Cafés in diesem verschachtelten Ort sind stets gut gefüllt. Gäbe es diese nicht, könnte man fast meinen, das Dorf habe sich seit Goethes Besuch während der italienischen Reise kaum verändert. Übrigens wurde der Dichterfürst hier am 13. September 1786 auf seiner Reise durch Arkadien kurzzeitig festgesetzt, weil er die Burg zeichnete und die Behörden glaubten, er sei ein Spion der Österreicher.

Der kürzeste Fluss der Welt

Von dem Fluss Aril wusste Goethe damals noch nichts, sonst hätte er sicher auch in Cassone di Malcesine Halt gemacht, um ihn zu bestaunen. Das besondere an dem Fluss ist, dass er sofort nach der Quelle mehrere Meter breit wird, unter einigen Häusern, drei Brücken, einem kleinen See und einem Wasserfall durch-

fließt – und das alles auf nur 175 Metern. Damit gilt er als der kürzeste Fluss der Welt. Eine Bucht weiter, in Assenza, beginnt Brenzone. Hier strahlen die Dörfer selbst im Hochsommer Ruhe aus. Betritt man einen der kleinen Alimentari, riecht man das Aroma der 1960er-Jahre: eine Mischung aus Wurstwaren und Putzmitteln. Die Regale quellen über, die Mortadella in der Theke wird im beinahe reifengroßen Format angeboten, und der Chef selbst packt die gekauften Waren fein säuberlich in Papiertüten. All das er-

Der Monte Baldo ist Europas größter „botanischer Garten" – eine Welt für sich.

innert an das Italien der 1960er-Jahre, als die Kinder im engen VW Käfer zu quengeln anfingen, bis Papa den ersten großen Schritt ankündigte: „Wenn wir erst mal überm Brenner sind!"

Überm Brenner, ja, dann beginnt Italien! Und Italien war gleichbedeutend mit dem Lieblingsgericht: Spaghetti mit Tomatensauce. Schnell war Ruhe im Fond.

Am alten Hafen von Castelletto, einem von 16 kleinen, idyllischen Orten am
Ostufer des Gardasees, die zusammen die Gemeinde Brenzone bilden.

Sonne tanken in Torri del Benaco, das von den Römern zur selben Zeit kolonisiert wurde wie
Verona. Prähistorischen Funden zufolge wurde der Ort schon vor 4000 Jahren besiedelt.

Fährt man von Malcesine weiter in südlicher Richtung die Gardesana Orientale entlang, bleiben die markanten Zinnen der Skaligerburg noch lange im Blick.

Campo

Special

Die verlassene Schöne

Aussichtsreich: Die Lage von Campo ist ideal, nur an der Infrastruktur mangelt es ...

Auf dem alten Mauleselpfad von Marniga di Brenzone nach Campo geht es steil bergauf. Rund 200 Höhenmeter und gut 30 Minuten später sind die ersten Häuser und Ruinen zu sehen. Ein Maler hat seine Staffelei aufgestellt, Schafe grasen, und ein Esel steht regungslos in der Sonne. Campo ist erreicht, ein seit dem 11. Jahrhundert bewohnter Ort, heute jedoch baufällig und nur noch von fünf Einwohnern besiedelt. Alle anderen sind weggezogen: keine Straße, keine Zukunft. Aber das Dorf soll nicht sterben. Wanderer kommen immer wieder vorbei. Zur Pasqua am Ostermontag pilgert halb Brenzone ins verträumte Campo (siehe S. 47). Und bei den Magischen Nächten von Campo finden Jazz-Konzerte zwischen den Mauern der verlassenen Schönen statt (www.brenzone.it).

Kein Ort, aber viele Dörfer

Spaghetti gibt es auch in Marniga di Brenzone. Vergleichbar mit Tremosine, das auf beinahe gleicher Höhe auf dem Hochplateau der anderen Seite liegt, gibt es den Ort Brenzone als solchen nicht, sondern nur den Gemeindenamen und 16 unterschiedliche Dörfer. Eines davon ist Marniga, wo Giacomo Simonelli im „Belvedere" in schöner Terrassenlage über dem See eine scheinbar längst vergessene Spezialität anbietet: Spaghetti mit Kaninchen-Ragout.

Unten am See, in Castelletto di Brenzone, wird schon mal gesungen, wenn das Menü gemundet hat. Dort, im „Al Pescatore" am kleinen Hafen, hat sich Livio Parisi einen Traum erfüllt. Der ehemalige Gymnasiallehrer, Bürgermeister und Buchautor (über die Fische des Gardasees) eröffnete zusammen mit seiner Frau Rosaria ein nur für 25 Gäste ausgelegtes Restaurant. Eine Karte gibt es nicht, denn „ich weiß ja nicht, was uns die Fischer jeden Tag bringen", sagt Livio, der nur Fische aus dem tieferen und kühleren Obersee einkauft. Rosaria kreiert je nach Fang ein Menü „vom Herzen", wie sie sagt. Die Kräuter kommen aus dem Garten, das Olivenöl wie das Gemüse aus dem Ort, und die Gäste geben sich „in meine Hände". Jeder Gang ist eine Überraschung. Auch Horst Köhler

Punta San Vigilio: Auf der etwa drei Kilometer westlich von Garda in den See ragenden Landzunge findet man die alte Kirche des heiligen Vigilius (13. Jh.), einen Privathafen, ein Hotel und ein Restaurant.

In Garda: Zeit für ein erfrischendes Getränk zwischendurch muss schon sein.

Windgeschützt zwischen den nördlichen Hängen des Monte Luppia und dem südlichen Tafelberg, profitiert man in Garda vom angenehm milden Klima.

Erika ist auch da, im schönen Hafen von Garda – jedenfalls ihr Boot. Und das heißt ja wohl, dass die Dame sich glücklich schätzen kann – oder der, der sein Boot nach ihr benannt hat.

Am Tag danach lacht die Morgensonne, der Himmel strahlt *azzurro*, und der See präsentiert sich, als ob es nie ein Gewitter gegeben hätte.

war da, als er noch das Bundespräsidentenamt bekleidete: mit drei Gästen und sieben Bodyguards, die das Ristorante geschlossen hielten. Bottatrice, einen seltenen, am Grund des Gardasees lebenden, dem Aal ähnlichen Fisch mit schneeweißem Fleisch, gab's an diesem Tag zwar nicht. Die Fischer hatten keinen gefangen. Aber Persico gab es, eine Barschart und Livios Liebling, sowie elf weitere Fischkreationen – diesmal ohne Gesang des Patrons zum Finale.

Der Club der Pensionäre

Beim Rückweg zum Auto fällt am Parkplatz neben dem Hafen ein Tisch am Ufer auf, die Tafel des „Club dei Pensionati". Jeder der Pensionäre hat einen Clubausweis: „Das haben wir mal aus Jux eingeführt", sagt Klaus, der einzige Deutsche im Club. An lauen Sommerabenden setzen sich die älteren Herrschaften gerne zusammen, palavern und genießen den Montesse, den leichten, kühlenden Wind vom Monte Baldo.

Alle Cabriofahrer – vor allem die rund 1,7 Millionen Cabriobesitzer in Deutschland und wahrscheinlich auch die gut tausend finnischen – haben einen natürlichen Feind: Wolken. Sie werfen Schatten, verdecken die Sonne und – noch schlimmer – sie bringen Regen! Vor

Torri del Benaco ist es soweit: Es tröpfelt, und kein Herzensbrecher ist weit und breit zu sehen, der die Wolken wegsingen könnte. Es wird dunkel, fast schwarz, ein beinahe bedrohliches, unglaublich intensives Szenario, das selbst den eingefleischtesten Cabriofahrer etwas machen lässt, das er normalerweise nie macht: Schotten dicht und ab ins nächste Hotel.

Oh, wie schön ist die Orientale

Am Tag danach lacht wieder die Morgensonne, der Himmel strahlt azzurro, und der See präsentiert sich, als ob es niemals ein Gewitter gegeben hätte. Nur beim morgendlichen Sprung in den See spürt man: Das Wasser hat gut drei bis vier Grad Temperatur verloren. Trotzdem wird es ein Badetag heute, denn zwischen Brenzone und Torri del Benaco reiht sich eine verführerische Kieselbucht an die andere. Die Skaligerburg und die Limonaie von Torri wirken in der abendlichen Beleuchtung sowieso romantischer. Dann einen Aperol am Hafen trinken, Paolo Contes „Azzurro" mitsummen oder zu Eros Ramazzottis Rhythmen den Takt klopfen; schließlich zum Dinner auf einer der Pontons am Lungolago – so kann man Fahrvergnügen, Badespaß und Gaumenfreuden bestens kombinieren auf der ach so schönen Orientale.

OLIVENÖL

Das Gold des knorrigen Baums

Im Herbst, insbesondere im November, ist Erntezeit am Gardasee. Dann hängen die Oliven grün und schwarz, je nach Reifestadium, prall an den Bäumen. Kaum eine Frucht wird eingelegt. Fast alle werden zu einem hervorragenden Öl verarbeitet. Das ist bereits seit der Antike so.

Flavio arbeitet für einen Stromerzeuger, montags bis freitags, aber am Wochenende wird er in seinem schönen Garten in Zignago di Brenzone zum Olivenbauern. Und die Olivenernte im November zählt nicht nur für Hobbygärtner wie ihn zum Höhepunkt des Jahres an der Ostküste des Gardasees. Seine 25 Olivenbäume bringen im Schnitt 250 Kilogramm Oliven, aus denen 50 Liter Öl gewonnen wird: unbehandelt, goldfarbig und sehr aromatisch. Am besten wird das Öl erfahrungsgemäß nach einem heißen und trockenen Sommer, auf den im Herbst noch einige regenreiche Tage folgen. Fast alle Oliven des Gardasees eignen sich weniger zum Verzehr, aber umso mehr zur Weiterverarbeitung.

Olivenöl stärkt das Immunsystem

Die gesamte Arbeit, angefangen vom Pflücken über die Baumpflege und das Schlagen bis zum Sammeln, macht Flavio komplett von Hand. Zeltplanen decken den Platz unter den Bäumen ab. Mit Stöcken und einer Spezialzange streift er die Oliven ab. Sie fallen auf die Planen und werden dort aufgesammelt. Danach geht's gleich zur Genossenschaft in den Frantoio, die Ölpresse. Denn es gilt die Regel der schnellstmöglichen Verarbeitung, damit das Olivenöl die höchste Qualität erreicht.

Wenn das erste frisch gepresste Öl tropft, strahlen Flavios Augen: Natives Olivenöl, Extra Vergine, die erste Kaltpressung bei maximal 28 Grad – etwas besseres gibt es nicht. Das mei-

nen auch einige der älteren Bewohner von Brenzone. Sie nehmen jeden Morgen einen Löffel Olivenöl zu sich, um das Immunsystem zu stärken. Das Öl vom Gardasee, das Extra Vergine del Garda, ist bekannt für seine hochwertige Qualität und Milde. Die meist kleinen Ölpressen am See öffnen in der letzten Oktoberwoche und schließen oft schon vor Weihnachten. Aber in dieser Zeit laufen sie fast Tag und Nacht. Im Frühjahr werden die knorrigen Bäume dann beschnitten. Alle Äste, die gerade in den Himmel ragen, müssen ganz weggeschnitten werden. Denn Oliven wachsen normalerweise nur auf hängenden Ästen.

Die ersten Jahre trägt ein Olivenbaum überhaupt keine Früchte. Erst nach vier bis zehn Jahren, abhängig von der Art, trägt er im Schnitt jährlich etwa 20 Kilogramm Früchte. Daraus lassen sich drei bis vier Liter Olivenöl machen.

Wenn das erste frische Öl gepresst ist

Was dran ist am flüssigen Gold des Gardasees, erfahren Besucher idealerweise am 25. November in Castelletto di Brenzone: Am Santa-Caterina-Tag war früher Almabtrieb, die Limonaie wurden winterfest gemacht. Tradition bis heute: Auch die Olivenernte ist eingefahren, und das erste frische Öl wurde gepresst. An zahlreichen Ständen kann man deshalb an diesem Tag das neu gewonnene, kalt gepresste Extra Vergine direkt beim Erzeuger probieren, kaufen und sich über seine Herstellung informieren.

Die alljährliche Olivenernte in den Hainen am Gardasee ist noch immer zum größten Teil reine Handarbeit.

In einem Olivenhain bei Brenzone.

Olivenernte, Olivenölmuseum

Die Olivenernte am Gardasee findet immer im November statt. Wer nur im Sommerurlaub am See ist, der sucht am besten das Olivenölmuseum von Bardolino auf (Museo dell'Olio, im Ortsteil Cisano, www.museum.it).

An der Olivenriviera

Die Gardesana Orientale wird bestimmt vom hübschen Malcesine, von den zersiedelten Dörfern Brenzones am Ufer und an den Hängen sowie von Torri del Benaco mit seiner Skaligerburg. Von Nord nach Süd zieht sich die Riviera degli Olivi.

① Malcesine

Malcesine TOPZIEL und seine Burg faszinierten schon Johann Wolfgang von Goethe sowie Hunderttausende nach ihm. Mit seinem mittelalterlichen Flair gehört der Ort (3500 Einwohner) zu den schönsten am See.

SEHENSWERT/MUSEUM

Vom **Hafen** führt der Weg durch enge Pflastersteingässchen hinauf zum **Castello**. Die Skaligerburg stammt aus dem 13. Jh. und ist zu einem Wahrzeichen des gesamten Gardasees geworden. Deren Romantik lockt die Liebenden: Mehr als 200 Hochzeiten finden heutzutage im Jahr darin statt. Und sie lockte Goethe, der die Burg malte und deshalb als Spion verdächtigt wurde, weshalb man ihn – im Haus in der heutigen Via Castello 11 – einen Tag festsetzte. Vom 33 m hohen Turm sieht man auf eine fast geschlossene Dächerschicht, so eng stehen die Häuser zusammen. Auf dem Weg zum Castello kommt man auch am **Palazzo dei Capitani** vorbei, ein im 16. Jh. im gotisch-venezianischen Stil errichteter Palast mit kleinem Garten direkt am Wasser. Im **Museo del Garda e del Baldo** in der Burg wird unter anderem jener unglaubliche Transport von sechs Galeeren, zwei Galeonen und 26 Barken von der Etsch über die Berge nach Torbole dokumentiert, der den Venezianern 1439 gelungen

Malcesine: Blick über die Dächer und hinab auf den See von der Skaligerburg (oben und rechts oben), Straßenmusiker (rechts).

war und der ihnen letztlich die Herrschaft über den See brachte (April–Okt. 9.30–19.30, im Winter nur Sa./So. 11.00–16.00 Uhr).

ERLEBEN

Eine **Seilbahnfahrt** von Malcesine (90 m) auf knapp 1800 m Höhe des **Monte-Baldo**-Massivs.

VERANSTALTUNGEN

Im Sommer lohnen im wunderbaren Ambiente der Burg die meist klassischen **Konzerte** (Teatro del Castello, www.malcesinepiu.it).

AKTIVITÄTEN/EINKAUFEN

Malcesine ist ein Zentrum des **Kitens**, aber auch fortgeschrittene **Surfer**, **Yacht-** und **Catsegler** kommen bestens auf ihre Kosten. Für Anfänger sind die Windverhältnisse in der Bucht von Val di Sogno geradezu ideal (Material, Kurse und Mountainbike-Miete sowie Touren: Stickl Sportcamp, Tel. 045/740 16 97, www.stickl.com). **Tennis** spielen kann man vielerorts, aber selten gegen Ex-Weltranglistenspieler für nur 40 € pro Stunde, inklusive Platzmiete. Der deutsch sprechende ehemalige Tennisprofi Piero Battistoni ist auf den Plätzen des Tennishotels Laura Christina zu finden, bietet aber auch für Nicht-Hotelgäste Privatstunden an (Tel. 0345/465 61 60). Fürs freie Spiel ideal:

Centro Tennis Cassone mit vier Rotsandplätzen in Traumlage über dem See (Tel. 045/658 41 36). Auf dem Monte Baldo kann man im Winter sogar **Ski fahren**. **Markttag** ist der Samstag, immer von 8.00 bis 13.00 Uhr.

RESTAURANTS

Klasse Pizza vom Holzofen, der beste Barsch und eine Terrasse direkt am Wasser mit Blick auf Malcesines Burg: **€ € Ristorante Lido Paina** (Tel. 045/740 05 87, www.lidopaina.it). Nach dem Mahl kann man sich einen Liegestuhl am Privatstrand mieten. Wer es gehoben wünscht: Das 1-Michelin-Stern-Restaurant **€ € € € Vecchia Malcesine** lässt kaum kulinarische Wünsche offen (Via Pisort 6, Tel. 045/740 04 69, www.vecchiamalcesine.com).

UNTERKUNFT

Den Hotels im Zentrum fehlt in den meisten Fällen der direkte Strandzugang. Deshalb empfiehlt sich im Norden, in der Località Baitone, das 3-Sterne-Hotel **€ € Villa Monica**, mit Superstrand in Toplage (Via Gardesana 211, Tel. 045/657 01 11, www.villamonica.com). Für Se-

Tipp

Über allen Gipfeln ist Ruh'

Wer mal einen **Paragliding-Tandemflug** vom **Monte Baldo** wagen oder selbst fliegen möchte, der wird die einzigartigen Blicke und die im Wortsinn grenzenlose Freiheit über dem See genießen. Abflug ist auf 1800 m Höhe, jeder zwischen 12 und 80 Jahren und zwischen 40 und 110 kg kann ohne Vorbereitung mitfliegen.

INFORMATION

Flugzeit ca. 30 Min., Preis: 130 €
www.tandemparagliding.eu

gelfans ideal: das € € € **Val di Sogno** mit traumhafter Terrasse und Südbalkonen über der sehr ruhigen Bucht von Val di Sogno. Das Stickl Sportcamp hat seine Basis in der Bucht, sodass man jeden Tag zu Fuß zum Boot oder Brett gehen kann (Via Val di Sogno 16, Tel. 045/74 00 108, www.hotelvaldisogno.com).

INFORMATION
Tourismusverband, Via Capitanato 6, 37018 Malcesine, Tel. 045/740 08 37, www.malcesinepiu.it

❷ Brenzone

Brenzone ist eine Gemeinde mit rund 2500 Einwohnern, die sich aus den Dörfern Assenza, Boccino, Borago, Campo, Castelletto, Castello, Magugnano, Marniga, Porto, Zignago sowie sechs weiteren Dörfern, stets versehen mit dem Zusatz „di Brenzone", zusammensetzt. Jedes dieser Dörfer, ob am See oder am Hang gelegen, ist ruhig, beschaulich und nicht so überlaufen wie andere Orte am See.

SEHENSWERT/MUSEUM
Von den vielen Gemeindekirchen sticht das mittelalterliche Gotteshaus **San Zeno** in Castelletto hervor. Obgleich es sich heute in romanischem Gewand zeigt, stammt es aus dem 11. Jh. Die ungewöhnliche Struktur erklärt sich durch die verschiedenen Bauabschnitte. Die idyllischen **Häfen** von Brenzone sind alle ein paar Minuten für einen Cappuccino wert: besonders **Porto**, aber auch **Magugnano** und **Castelletto**. Recht hübsch gemacht und informativ ist das **Museo Etnografico** im Geburtshaus der seligen Domenica Mantovani im historischen Zentrum von Castelletto. Darin ist auch eine typische Wohnung mit Arbeitsgeräten vom Ende des 19. Jh. nachgestellt (Tel. 045/659 81 11, Juni–Sept. Di., Do., Sa./So. 16.00–18.00 Uhr).

AKTIVITÄTEN
Ohne Führerschein können **Motorboote** bis 40 PS gemietet werden. Nach einer Einweisung sind sie leicht zu fahren und machen riesig Spaß! Ab 40 Euro pro Std. bzw. ab 190 Euro pro Tag für 4 bis 6 Personen (Tre di Cuori, Porto di Castelletto, Tel. 045/743 08 05, www.nauticuore.com). **Kiten** ist auch auf Höhe von Brenzone noch sehr gut möglich; Material und Kurse bei Acquafresca in Assenza (Tel. 045/742 05 75, www.circoloacquafresca.it). Für **Mountainbiker** eine echte Herausforderung: von Assenza über Zignago nach Prada Alta und abwärts zurück zum See nach Castelletto. Kostenfreie geführte **Wanderungen** am Monte Baldo werden Mai–Okt. jeden Di. ab 9.30 Uhr angeboten. Treffpunkt: vor dem Supermarkt Conad in Magugnano direkt an der Gardesana. Schwierigkeitsgrad: mittel. Dauer: 4–6 Std. Geeignete Kleidung, Wanderschuhe, Brotzeit und vor allem Getränke sind mitzubringen.

EINKAUFEN
Markttag in Castelletto ist der Dienstag, jeweils von 8.00 bis 13.00 Uhr.

Torri del Benaco: Im Baia dei Pini wohnt man eigenwillig-mondän, mit Pool und direkt am Strand. Und im Schlafzimmer bettet man sich wahrlich, auch im Wortsinn, „King Size".

RESTAURANTS
Der Familienbetrieb € € **Belvedere** in Marniga bietet regionale Spezialitäten wie Kaninchen, hausgemachte Nudeln, Holzofenpizza (Tel. 045/742 00 55). Für viele schlicht das beste Fischrestaurant am See: € € € € **Al Pescatore**, direkt am Hafen von Castelletto. Es gibt keine Karte, jeder Gang ist eine Überraschung (Tel. 045/743 07 02, www.osteriaalpescatore.it; Preis pro Person inkl. Wein, Wasser, Grappa, Kaffee: 50 €).

UNTERKUNFT
Im gemütlichen € € **Hotel Brenzone** kümmert sich die Familie Brighenti-Veronesi herzlich um die Gäste. Direkt an der Uferpromenade gelegen, mit sehr gutem Fischrestaurant. Am schönsten ist das Romantic-Zimmer mit 50 m² großer Terrasse (Via XX Settembre 26, Magugnano, Tel. 045/742 03 88, www.hotelbrenzone.com). Direkt am Strand liegt zwischen Marniga und Castelletto das einfache, aber gute Hotel € € **Santa Maria** (Via Benaco 14, Tel. 045/742 05 55, www.bertoncellihotels.it).

INFORMATION
Tourismusverband, Via Zanardelli 38, 37010 Porto di Brenzone, Tel. 045/742 00 76, www.brenzone.it

❸ Torri del Benaco

Der Ort trägt die alte Bezeichnung des Gardasees – Lacus Benacus – im Ortsnamen.

SEHENSWERT/MUSEUM
Wer Torri entdecken will, läuft vom schönen Hafen die Via Dante Alighieri hinunter, kehrt am Kirchplatz um und nimmt rückwärts den Lungolago Barbarani. Das Hauptaugenmerk liegt aber auf der anderen Seite des Hafens, auf dem 1383 erbauten **Castello Scaligero**. 1760 kam die sehr schöne Limonaia dazu. Vom oberen Befestigungsgang hat man einen tollen Panoramablick auf den Hafen, der fast ausschließlich von Ruderkähnen belegt ist, das historische Zentrum und den See. Das **Heimatkundemuseum** in der Burg ist spannender, als es klingt. Die interessantesten Säle sind die zur Olivenverarbeitung und der Saal der Alteingesessenen mit dem Statut der Fischereirechte aus dem Jahr 1452, das noch heute rechtskräftig ist (Mitte Juni–Mitte Sept. 9.30–13.00 und 16.30 bis 19.30, Apri–15. Juni und 16. Sept.–Okt. 9.30 bis 12.30 und 14.30–18.00 Uhr, www.museodel castelloditorridelbenaco.it).

ERLEBEN/AKTIVITÄTEN
Schön ist eine Fahrt auf der **Autofähre** zwischen Torri del Benaco und Maderno (im Sommer tgl. 8.00–20.00 Uhr mindestens stündlich). Im Juli und August bietet das **Open-Air-Kino** im kleinen Kastell-Park abends eine stimmungsvolle Abwechslung (www.torridelbenaco.de). Für eine **Mountainbiketour** über Albisano nach San Zeno di Montagna auf rund 500 m Höhe, mit traumhaften Aussichten auf den Lago, braucht man schon ordentlich Kondition.

EINKAUFEN
Montag (8.00–13.00 Uhr) ist **Markttag**. Am Abend steht im Sommer zusätzlich ein **Antiquitätenmarkt** auf dem Programm.

RESTAURANTS
Am Ponton des € € € **Ristorante del Porto** kann man sogar mit dem Boot andocken und zum Lunch oder Dinner auf den Planken speisen. Gehobene, gute Küche am Lungolago (Tel. 045/722 50 51, www.hoteldelportotorri.com). Ortsauswärts geht's am Lungolago Nr. 4 aber bodenständiger zu: in der € € **Osteria del 4**. Auch wenn die vier Gastronomen nicht mehr aus Schüsseln und vom Blech servieren wie im früheren Domizil in Albisano, so schmeckt's hier doch immer noch prächtig. Vor allem die hausgemachten Bigoli mit Ragu von der Salsiccia (Tel. 045/629 64 32, www.osteriadel4.it) sind ein wahres Gedicht!

UNTERKUNFT
Das € € € **Baia dei Pini** liegt direkt am Strand, ist modern und im etwas eigenwilligen Stil von Hausherrin Silvia ausgestattet. 3 Sterne, die sich wie 4 anfühlen (Via Gardesana 115, Tel. 045/722 52 15, www.baiadeipini.com).

UMGEBUNG
Der Weg hoch nach **Albisano** lohnt sich. Vor der Dorfkirche San Martino tut sich in gut 300 m Höhe, am sogenannten Balcone del Garda, der Untersee in seiner ganzen Breite auf. Einer der schönsten Aussichtsplätze am See.

INFORMATION
Tourismusverband, Viale Fratelli Lavanda 22, 37010 Torri del Benaco, Tel. 045/722 51 20, www.torridelbenaco.de

④ Garda

Dominiert wird Garda von seinem weitläufigen Lungolago. Dahinter schmiegen sich mittelalterliche Häuschen entlang kleiner Gassen und stimmungsvoller Bögen. Außerhalb der 3800-Einwohner-Gemeinde gibt es so manche herrschaftliche Villa – und einige feste Radarfallen.

SEHENSWERT …

… ist besonders der **Palazzo dei Capitani**, einst Sitz des dem Rat der in der Gardesana dell'Acqua vereinigten Uferstädte vorstehenden venezianischen Beamten. Vom Norden her betritt man Garda durch ein – zum ehemaligen **Palazzo Fregoso** gehörendes – Stadttor. Außerhalb des Ortskerns liefern sich die **Villa Albertini** mit prächtiger Parkanlage und die nur vom Wasser aus einsehbare **Villa Canossa** einen Wettstreit um die schönste Privatvilla in Garda.

VERANSTALTUNGEN

Sardellata al Chiar di Luna, das Schlemmer-Volksfest rund um die Gardasee-Sardine im Mondschein (www.lagodigarda-e.it).

AKTIVITÄTEN

Der Ort eignet sich gut als Ausgangspunkt für **Segeltörns** (Gruppo Vela am Lungolago, Tel. 045/7256377). **Motorboote** ohne Führerscheinpflicht vermietet Laura Simonelli direkt am Hafen (Tel. 0328/576 92 47).

EINKAUFEN

Freitag ist **Markttag** (8.00–13.00 Uhr).

RESTAURANT

Oberhalb von Garda, mit schöner Terrasse zum See, speist man im € € € € **Ristorante Ai Beati** vorzüglich in einer renovierten Ölmühle aus dem 15. Jh. Spitze: die Auswahl an Franciacorta-Prosecchi, darunter der unschlagbare Cà del Bosco (Via Val Mora 57, Tel. 045/725 57 80, www.ristoranteaibeati.com).

UNTERKUNFT

Die Lage ist traumhaft, Pool und Park sind klasse, nur die Zimmer nicht auf 4-Sterne-Niveau, und der Service ist manchmal schludrig. Da spürt man, dass eine – wenn auch privat geführte – Kette das € € € **Hotel du Parc** betreibt (Via Guglielmo Marconi 3, Tel. 045/725 53 43, www.chincherinihotels.com).

UMGEBUNG

Die Landspitze **Punta San Vigilio** hat Poeten und Künstler inspiriert, Adlige und Prominente gelockt und ist heute eines der beliebtesten Ausflugsziele am Gardasee. Perfekt in die mediterrane Vegetation integriert ist die Villa Guarienti, während die kleine Kirche San Vigilio direkt aus dem See zu wachsen scheint. Gut für einen Macchiato; Restaurant und Hotel sind für die gebotene Leistung zu teuer.

INFORMATION

Tourismusverband, Lungolago Regina Adelaide 13, 37016 Garda, Tel. 045/620 84 43, www.lagodigarda-e.it

Genießen   Erleben   Erfahren

DuMont
Aktiv

Zuerst kommt der Spaß!

Lee oder Luv? Backbord oder Steuerbord? Die Terminologie ist halb so schlimm, wenn man das Segeln bei Heinz Stickl, Ex-Europa- und Weltmeister im Segeln und Surfen, in nur fünf Tagen lernt. Er sagt: „Segeln muss Spaß machen. Begriffe lernen kann man später."

Nach nur 20 Minuten am Flipchart und grundlegenden Erklärungen geht's aufs Boot – nicht auf eine kleine Jolle, sondern auf ein Sechs-Meter-Kielboot, Typ Dyas, „das sich toll segeln lässt", sagt Heinz. Schwupps hat man die Pinne in der Hand, und das Ding fährt los. Wie oft hat man sehnsüchtig auf den See geschaut, wenn die Segelboote majestätisch dahinglitten, und gedacht: Segeln lernen ist zu aufwendig. Falsch: Nach fünf Minuten auf dem See klappt die erste Wende. Und noch eine und noch eine … „Jetzt fahren wir mal zick-zack", schafft Heinz an, „da lernst du schnelle Richtungswechsel." Heimwärts segeln wir im Schmetterlingstil. Beide Segel geben dem Wind volle Angriffsfläche, und der bläst uns zurück zur Basis. Nicht schlecht für den ersten Tag.

Mit wenden, wenden und nochmals wenden geht's am nächsten Tag weiter. Von der Theorie oder dem Grundschein wird nicht gesprochen. „Erst musst du segeln lernen und das Gefühl dafür bekommen. Der Kopf packt den Theoriekram später ganz einfach." Heinz Stickl geht da neue Wege. Seine Methode funktioniert – schon macht der Schüler seine erste Halse, das Wenden vor dem Wind. Wieder was gelernt. Es folgen alle nötigen Manöver und das zentimetergenaue Anlegen an einer Boje. Dass das „Aufschießer" heißt, registriert man in den Theoriestunden am Tag vor der Prüfung wie nebenbei. Es ist ja nur der Begriff für etwas, das man – praktisch – schon kann.

Weitere Informationen

Der Segelgrundscheinkurs für absolute Neulinge besteht aus fünfmal drei Stunden theoretischer und praktischer Prüfung und führt bei Erfolg zum anerkannten Zertifikat. Preis: 295 €. Wer den Grundschein schon hat, kann im Stickl Sportcamp als einziger Segelschule am See auch die Sportbootführerschein-Ausbildung mit Prüfung am Gardasee ablegen.

Via Gardesana Sud 144, Malcesine, Tel. 045/657 09 88, www.stickl.com

Der alte See und das Meer

Kein Ort. Nirgends. Die Segel hängen schlaff im Sommerdunst. Am dickbauchigen Untersee ist bei typischem Gardasee-Wetter manchmal kein Dorf am Ufer zu sehen. Kein gutes Wetter für unseren Segeltörn auf dem letzten Vollholzboot am Gardasee, aber wir genießen die Ruhe: „Heute wär's gut zum Wasserskifahren", unterbricht Aldo Valente die Stille. Er muss es wissen. Unser Kapitän wurde in Bardolino geboren, und er kennt den See wie kaum ein anderer.

Sirmione: Blick von der Skaligerburg zur Neustadt. Die Altstadt liegt auf einer Insel, die durch eine kleine Brücke mit dem Festland und der Neustadt verbunden ist.

Anderswo hält man es mit Nymphen, hier ist es eine Prinzessin: Bardoli nämlich, die der Stadt Bardolino (hier die Piazza Matteotti mit der Kirche Santi Nicolò e Severo) ihren Namen gegeben hat – eine germanische Prinzessin noch dazu, was zeigt, dass der Gardasee schon immer fest in deutscher Hand war.

Wenn es Nacht wird in Bardolino, herrscht Trubel in den Gassen der Altstadt. Das Pflaster ist noch warm von der Hitze des Tages, doch vom See her weht ein frisches Lüftchen. Die Boote schaukeln leise am Kai, und ganz oben am Himmel, da leuchten bald die Sterne.

Das Weingut Zeni, zu dem auch ein Weinmuseum gehört und wo die edlen Tropfen teils noch in alten Eichenfässern reifen, liegt gleich oberhalb von Bardolino.

Angebaut werden regionale Klassiker: Bardolino, Soave, Custoza, Valpolicella, Amarone, Recioto.

Special

Wellness auf dem Wasserbett

Wie Gott in Bardolino

Hier sind Sie in guten Händen: Zum Schluss gibt's eine Massage mit Weintraubenkernöl.

Fulvio, ein italienischer Schönling, sagt *buon viaggio* und lässt im Thermenbereich des Hotels Caesius in Bardolino das Wasserbett volllaufen. Die Prozedur beginnt zunächst mit einem Olivenölpeeling, gefolgt von einer Packung aus dem Fruchtfleisch der Bardolino-Traube.

Der Körper wird bis auf den Kopf komplett von einem Wasserbett umhüllt. Die Wellness-Reise beginnt bei 36,8 Grad, also bei Körpertemperatur, wird aber bald auf etwa 47 Grad erhöht. Den Abschluss des speziellen Bardolino-Traube- und Olivenöl-Treatments macht eine Massage mit Weintraubenkernöl. Da zeigt Fulvio, dass er nicht nur hübsch, sondern auch mit kräftigen Händen ausgestattet ist. Nach 71 Minuten fühlt man sich wie ein junger Gott in Bardolino. Ein gutes Gefühl für 145 Euro ... *(www.hotelcaesiusterme.de)*

ie Ora macht Pause. Der See ist glatt wie ein Babypopo. Und die „San Nicolò" tümpelt irgendwo mitten im See. Nichts ist zu sehen im Dunst. Zeit für Erinnerungen. „1965 war ich der erste am See, der den Urlaubern Wasserski anbot", erzählt unser Kapitän. Aldo ist heute 68 Jahre alt, am See aufgewachsen, und er hat ihn nur einmal länger verlassen. Als Gastarbeiter musste er sich das Geld für sein Motorboot in der Schweiz verdienen. Er liebt den See. Er lebt den See. Und er kennt den See: „Er heizt sich auf, es wird von Tag zu Tag dunstiger, bis binnen 14 Tagen ein Gewitter alles reinwäscht." So einfach kann Wetter sein. „Aber die Wellen bei Sturm, die sind schrecklich", fährt Aldo fort. „Es kommen zehn, zwölf Stück, dann eine mit drei Metern Höhe, und dann ist der Lago wie ein Meer."

Die Lieblingsplätze der Gardaseebesucher

Am Gardasee enttäuscht kaum ein Örtchen, vom schon industriell geprägten Südwesten zwischen Salò und Desenzano einmal abgesehen. Jedes Seedorf zeigt sich verwinkelt romantisch, und obwohl der Gardasee zu den beliebtesten Ferienregionen Norditaliens zählt, findet man um den See herum kaum Bettenburgen, die die Landschaft verschandeln. Fischer-

Sirmiones Skaligerburg wurde im 13. Jahrhundert teils aus Natursteinen, teils aus Ziegeln errichtet, um die ihr vorgelagerte Altstadt zu schützen.

Bier, Eis, Espresso: In Sirmiones „Caffè Grande Italia" gibt es das alles – und mehr. Beliebt ist auch Aperol-Spritz, ein erfrischendes Mixgetränk aus Aperol und Weißwein oder Prosecco. Schmeckt und prickelt, macht in der Sommerhitze aber auch „lull und lall" …

Die „Grotten des Catull": nix Grotten, nix Catull – aber die Ruinen einer römischen Villa.

Abends wandeln sich Sirmiones öffentliche Plätze zu Freilufttheatern des Lebens: Im Schatten der mächtigen Burg lässt es sich prächtig speisen, trinken, reden, flirten ...

orte wurden einfach zu Ferienorten. Jeder Gardasee-Liebhaber hat auch einen Lieblingsplatz. Einige der Gäste an Bord sagen: „Sirmione" – mit dieser wunderbaren Wasserburg, den engen Gassen, den Grotten des Catull, welche die Römer schon vor gut 2000 Jahren zur „Wellness" nutzten, und dem Park der noblen „Villa Cortine". Die meisten aber votieren für die Punta San Vigilio bei Garda.

Mit der Straße kam der Tod für die meisten Schiffe

Als ob es der Wettergott gehört hätte, kommt Land in Sicht. Zypressen, das ans Wasser gebaute Kirchlein, die „Locanda" mit ihren roten, runden Markisen und schließlich der kleine Porto.

Ecco la Punta San Vigilio, gibt sich Aldo großzügig. Aufregende Riva-Boote, bei denen man das Mahagoni förmlich riechen kann, haben angelegt. Die grau melierten Besitzer samt begleitenden Bikinischönheiten genießen ihren Auftritt voll praller Lebenslust.

„Mit der Straße kam der Tod für die meisten Schiffe", sagt Aldo wehmütig beim Blick auf den kleinen Hafen. Viele Fischer von einst sind heute Millionäre und machen im Winter Urlaub in Thailand. Die meisten „Gardaseeforellen" kommen aus den Bächen und Zuchten des Trentino. Und die Holzkähne in den klei-

nen Häfen gehören Hobbyfischern. Nur etwa 20 Familien am Gardasee leben noch vom Fischfang und versuchen auch mal, den fast ausgestorbenen Carpione (*Salmo carpio* ist der lateinische Name für die Gardaseeforelle) zu erwischen, der in 200 Metern Tiefe ausschließlich Plankton frisst.

„Fitzcarraldo" am See?

Die „MS Italia" schaufelt in voller Fahrt an der „San Nicolò" vorbei. Der Schaufelraddampfer ist eine Zierde für den See, 1908 gebaut, 50 Meter lang. Seit 1975 treibt ein neuer Dieselmotor die Schaufelräder an, mit 750 PS. Schiffe, das ist

Aldos Welt. Auch seine „San Nicolò" ist eine Zierde: das letzte Vollholzboot auf dem Gardasee, das dem Schutzheiligen von Bardolino gewidmet und dort 1926 zunächst als Handelsschiff gebaut wurde. Der Fahrplan richtete sich nach den Waren wie nach den Winden.

„Wir hatten hier am Gardasee einen der unglaublichsten Schiffstransporte aller Zeiten", hebt il Capitano nun an. Im Jahr 1437 lagen die Venezianer mit den Visconti von Mailand im Krieg. Die Mailänder hielten die Wasserwege zum Gardasee besetzt. Aber die Venezianer überraschten ihren Gegner, indem sie ihre Schiffe vom Norden über das Gebirge zum See brachten. Die Boote von der Adria zogen 2000 Ochsen über die Etsch bis Mori und dann durch die Wildnis der Berge hinunter nach Torbole: sechs Galeeren, zwei Galeonen und 26 Barken. Diese Geschichte erinnert an Werner Herzogs legendären Film „Fitz-

Viele Fischer von einst sind heute Millionäre und machen im Winter Urlaub in Thailand.

carraldo" mit Klaus Kinski in der Hauptrolle. Einige Schiffe wurden zwar versenkt, doch die Entscheidungsschlacht ging an Venedig. Die Dogenstadt hatte das Unmögliche möglich gemacht und ohne direkten Wasserzugang zum See die Herrschaft über den Gardasee gewonnen.

„Rivoltella" heißt einer der schönen Strände von Desenzano: Ruderer erinnern dort
an die alte Tradition der Serenissima.

An manchen Orten wird
der See zu Tode geliebt.
Kein Zentimeter bleibt
ohne Handtuch, Liege-
stuhl, Sonnenschirm.

Von Manerba del Garda, mit seinen langen Stränden auch ein beliebtes Familienurlaubsziel,
hat man an klaren Tagen einen Blick bis ans nördliche Ende des Sees.

Am alten Hafen von Desenzano, der größten Stadt am Gardasee, sind noch schöne Renaissancepaläste und einige mittelalterliche Häuser erhalten.

Lonato: Rund 60 Meter hoch ist die Kuppel des Johannes dem Täufer geweihten Doms, der zu den sakralen Hauptwerken des venezianischen Barocks zählt.

Venedig ohne Gondeln

Die Venezianer haben dem Lago einiges hinterlassen. Von der „San Nicolò" sieht man Garda, wo der Palazzo dei Capitani ein Musterbeispiel venezianischer Architektur abgibt. Vor Lazise liegen auf dem Grund des Sees noch heute zwei venezianische Schiffe, die erst 1959 von Tauchern entdeckt wurden. Ganz Peschiera wirkt wie Venedig in Miniaturform, nur ohne Gondeln. Und Desenzano, heute die größte Stadt am See, hatte unter venezianischer Herrschaft seine Blütezeit.

Hochsaison am Strand

Inzwischen ist der Ausgangs- und Endpunkt des Törns erreicht: Bardolino, wo der See in südlicher Richtung ein anderes Gesicht zeigt. Der Süden ist flach und im Hochsommer häufig voll. Die schönen Städtchen sind überlaufen, die zahllosen, riesigen Campingplätze bersten zuweilen und dominieren zusammen mit diversen Vergnügungsparks das Ufer.

Wie auch westlich von Sirmione, wo Moniga, Manerba oder San Felice mit ihren Kiesstränden und einem Campeggio neben dem anderen ebenfalls Camperfamilien und solche Badegäste anziehen, die eine Woche lang oder 14 Tage grillen, baden und wieder grillen. Dort wird der See zu Tode geliebt. Kein Zentimeter bleibt ohne Handtuch, Liegestuhl oder Sonnenschirm.

Der Seebär und die Liebe

Während Aldo die Segel zusammenrollt, zeigt er auf die Piazza Catullo: „Dort habe ich meine Frau kennengelernt. Ich war damals fünfzehn, vier Jahre später haben wir geheiratet." Sie ist eine Dänin und kam jedes Jahr mit den Eltern zum Urlaub machen nach Bardolino. Und er, ja, er ging damals sehr gern mit den blonden Touristinnen aus, „obgleich ich als junger Bursche ja nicht einmal einen Motorroller zum Angeben hatte".

Aldo, der Seebär, schmunzelt, blinzelt ins immer noch diesige Licht und sagt: „Heute wär's wirklich besser zum Wasserskifahren gewesen."

ISOLA DEL GARDA

Bei der Contessa
mit Tattoo

Für die Isola del Garda galt jahrelang: Betreten verboten! Aber auch am Adel geht die Wirtschaftskrise nicht spurlos vorbei. Also ebnete die Besitzerfamilie den Weg auf ihre Insel und öffnete die Schlosstüren. Was zu sehen ist: der Gardasee in seiner schönsten Form, ein Paradies aus Blumen, Architektur und – viel Ruhe ...

Inseljuwel im Gardasee: Dicht vor der Spitze der Landzunge San Fermo steigt die Isola del Garda aus den Fluten.
Rechte Seite: die Villa der Grafen Borghese-Cavazza.

Sie steht am kleinen Hafen der Insel, trägt ein rosa Top mit sechs Knöpfen, passende Dessous, einen Jeansrock und weiße Flip-Flops. Eine Contessa stellt man sich anders vor. Die roten Haare könnten gehen. Aber der kleine Delfin auf der linken Schulter? Eine Contessa mit Tattoo? Prompt sagt sie: „Bitte nennen Sie mich nicht Contessa! Ich heiße Alberta und werde Sie über die Isola del Garda führen." Kurze Pause: „Ich bin eine der acht Besitzer dieser Insel – zusammen mit meiner Mutter und meinen sechs Geschwistern."

Für Gardaseefans verströmte die Isola schon immer einen Zauber und hatte den Flair des Verbotenen: Der Familienbesitz wurde von Hunden bewacht, über deren Lust am Vertreiben ungebetener Gäste schaurige Geschichten existieren. Nur wer jemanden kannte, hatte eine Chance, bei den Cavazzas willkommen geheißen zu werden. Da kennt einer in Salò einen, der in Gardone wohnt und einen kennt, der enge Beziehungen hat ...

Meist wurde nichts daraus: Die Isola del Garda war für Touristen uneinnehmbar.

Zauberhafter Charme

Die Isola del Garda liegt vor der Bucht von Salò im Südwesten des Gardasees. Zypressen, stufenförmig angelegt, geben der Insel die Silhouette von Zinnen, Zacken und Spitzen. In der Mitte, nur von Süden einsehbar, dominiert das gräfliche Schloss, zu dem Alberta bescheiden „Villa" sagt: ein Palazzo in neugotisch-venezianischem Stil. Die Treppen, Terrassen und Gärten fallen bis zum See hinab. Umge-

ben ist der 1903 fertiggestellte Bau von üppiger Vegetation: von einheimischen und exotischen Pflanzen, Sträuchern und Blumen, von einem Wald aus Kiefern und Zypressen, Akazien und Zitronenbäumen, Magnolien und Agaven. Besonders morgens, wenn die Vögel zwitschern und der See sich noch nicht in seinen typischen Dunst verkrochen hat, lüftet die Insel ihren zauberhaften Charme.

Rom, die Liebe und die Isola

Albertas Brüder sind vom Festland gekommen. Auch sie sehen nicht wie Grafen aus: Sie kommen mit einem

Zur Villa der Grafen Borghese-Cavazza gehören herrliche Parkanlagen.

kleinen, bunt bemalten Fischerboot, tragen Shorts und T-Shirt. Die Mutter hat zum Lunch gerufen. Alberta lässt sich die Pasta warm stellen. So bleibt Zeit für unsere Fragen: Wie lebt es sich so abgeschieden? Hat man da Freunde? Durfte früher auch Besuch kommen: Schulfreunde oder Klassenkameraden? Alberta holt tief Luft, ist nicht sehr routiniert als Guide. Aber vielleicht wirkt sie deshalb so glaubwürdig: „Zwei Tage in Mailand und ich bin fertig", sagt sie. Der Lärm, der Gestank, die Enge in der Stadt – das ist sie nicht gewohnt: „Am dritten Tag muss ich wieder auf der Insel sein!" Freunde habe man, aber man treffe sich nicht so oft. Es wäre anders, wenn man Tür an Tür wohnen würde. Und „als Inselkinder waren wir immer sehr scheu, haben uns wenig getraut drüben auf dem Festland". Beim Thema Liebe lenkt sie auf ihre Mutter ab. Charlotte Chetwynd Talbot, eine Engländerin, hatte sich in Rom verliebt, ohne zu wissen, wer der knackige *Ragazzo* war. Sie wusste nur, er heißt Camillo Cavazza. Zu dieser Zeit war er der einzige Besitzer der Isola del Garda.

Eine Contessa mit Prinzipien

Die ersten Besucher der Insel hatten noch kein Dach über dem Kopf. Der heilige Franziskus von Assisi errichtete 1221 eine Einsiedelei, in der fünf Mönche ein kontemplatives Leben in absoluter Armut führten. Ein Jahrhundert später soll Dante Alighieri hier gewesen sein. Das Entkorken einer Flasche Chiaretto – der klassische Rosé in der Gegend um Moniga – unterbricht den historischen Abriss. „Salute!", sagt sie, lächelt und nimmt einen Schluck kühlen Wein. Ob auf der Insel vielleicht mal ein Hotel oder ein Restaurant entstehen wird? „Niemals!" Die Begründung steht in ihrem Gesicht geschrieben: Wir dulden Besucher für zwei Stunden, aber keine Gäste für zwei Tage. Doch, die Contessa mit Delfin-Tattoo hat ihre Prinzipien.

Nur nach Anmeldung

....

Von elf Ortschaften fahren Boote zur Insel. Geöffnet: 1. April bis 30. Oktober. Preis: 25 € inklusive Überfahrt (ab Bardolino und Garda 30 €, ab Malcesine nur Tageskreuzfahrt für 70 €). Jeder Besuch muss angemeldet werden: Tel. 388/497 16 40, www.isoladelgarda.com

Am dicken Ende

Wenn es am Gardasee ein touristisches Einerlei gibt, dann auf den zahllosen Campingplätzen und Stränden im Süden. Da wirken die alten Dörfer zwischendurch wie Orte der Glückseligkeit.

❶ Bardolino

International gesehen ist Bardolino (6500 Einw.) vielleicht der bekannteste Ort am Gardasee, was auch an seinem süffigen Wein liegt.

SEHENSWERT/MUSEUM

Die **Altstadt** rund um die Piazza Matteotti ist vergleichsweise weitläufig, wie auch die Uferpromenade **Lungolago Lenotti**. Teile der romanischen Kirche **San Nicolò e San Severo** am Matteotti-Platz stammen aus dem 9. Jh. Im südlichen Ortsteil Cisano lädt das **Museo dell' Olio** auf einen Besuch ein. Dort erfährt man alles zum Thema Olivenöl und kann auch die eine oder andere Flasche lokalen Öls erwerben (Via Peschiera 54, Mo.–Sa. 9.00–12.30 und 14.30–19.00 Uhr, www.museum.it).

ERLEBEN/NIGHTLIFE

Spaß macht ein **Segeltörn** auf der San Nicolò, dem letzten Vollholzboot auf dem Gardasee, ab und bis Bardolino Hafen, 4 Std. für 34 €, inkl. Wein, Softdrinks und Wasser (bei Europlan, Tel. 045/620 94 44, www.europlan.it).
Viele **Nachtclubs** haben bis nach Mitternacht geöffnet. Superstimmung herrscht Fr.–So. jeweils bis 4.00 Uhr im Primo Life-Club (Via Marconi 14, Tel. 045/621 01 77). Aber Vorsicht: An jedem Wochenende wird von der Verkehrspolizei streng auf Alkohol am Steuer kontrolliert.

Alles vom Grill
Tipp

Ob Sommer oder Winter – gegrillt wird in der **Osteria Valesana** in **Lazise** immer drinnen. Allein der altertümliche Grill in dem ehemaligen Gehöft lohnt schon den Besuch, die *Grigliata mista* mit Rind, Schwein, Huhn, Rippchen, Bauchspeck und Salsiccia aber umso mehr. Vorneweg bietet Chefin Creti Grazia hausgemachte Polenta oder Bigoli mit weißem Ragu an. Dazu gibt's Chiaretto-Hauswein. Alles zusammen kostet für zwei Personen um die 50 Euro.

INFORMATION
Valesana di Lazise,
Tel. 045/758 13 01

VERANSTALTUNGEN

Seit 1929 feiert Bardolino seine **Weinfeste** (siehe S. 46/47) mit Konzerten, Ausstellungen, Informations-, Wein- und Verköstigungsständen sowie einem großen Feuerwerk auf dem See (www.ababardolino.it). Nicht verpassen sollte man auch eine **Regatta delle Bisse**, die typisch für den südlichen Gardasee ist (siehe S. 46/47) und immer wieder in Bardolino stattfindet. Gerudert wird im Stehen (www.ababardolino.it).

AKTIVITÄTEN

Im meist ruhigen Wasser des Südens sind **Kanutouren** gut geeignet, um sich fit zu halten (La Rocca Camp, San Pietro di Bardolino, Tel. 045/721 11 11).

EINKAUFEN

Landeinwärts liegen inmitten der Weinberge und Olivenhaine einige Weingüter. Seit 1870 produziert zum Beispiel die Weinkellerei **Zeni** feine Tropfen, aber auch Alltagsweine, die nur ab Hof verkauft oder in ausgewählten Restaurants getrunken werden können. Daran angeschlossen ist ein **Museo del Vino** (Via Costabella 9, Tel. 045/721 00 22, www.zeni.it). **Markttag** ist der Donnerstag (8.00–13.00 Uhr).

RESTAURANT/UNTERKUNFT

Für die **€ € € Trattoria Da Nanni** lohnt eine Zehnminutenfahrt ins Hinterland nach Costermano. Die hausgemachte italienische Küche von Claudio Mazzurana ist fantastisch (Via Gazzoli 1, Costermano, Tel. 045/720 00 80, www.dananni.com).

Oben: Piazza Vittorio Emanuele in Lazise. Links: Traubenlese im Weingut Zeni, bei Bardolino.

Mit Riesenpool und 4 weiteren Schwimmbecken, Thermalzentrum, gutem Spa und feiner Küche ist das 4-Sterne-Hotel **€ € € Caesius Termae** die beste Adresse im Weinstädtchen (Via Peschiera 3, Tel. 045/721 91 00, www.hotelcaesius terme.com), für umweltbewusste Urlauber das **€ € € Aqualux** eine passende Alternative. Die erste mit dem Gütesiegel „KlimaHotel" versehene Anlage am Gardasee verfügt mit 8 Pools und 7 Saunen über eines der besten Spas der Region (Via Europa Unita 24, Tel. 045/622 99 99, www.aqualuxhotel.com).

INFORMATION

Tourismusverband, Piazzale Aldo Moro 1, 37011 Bardolino, Tel. 045/621 06 54, www.ababardolino.it

❷ Lazise

Das hübsche Kleinstädtchen (6500 Einwohner) ist fast vollständig von einer noch gut erhaltenen Stadtmauer umgeben.

SEHENSWERT

Drei **Stadttore**, die **Stadtmauer**, das 6-türmige **Castello Scaligero** aus dem 12. Jh. (in Privatbesitz) und das **Zollhaus** am Hafen sind die Highlights. Die **Piazza Vittorio Emanuele** gehört zu den imposantesten Dorfplätzen am Gardasee.

AKTIVITÄTEN

Motorboote ohne Führerscheinpflicht gibt's am Porto Vecchio (Tel. 349/406 73 66).

EINKAUFEN

Markttag ist der Mittwoch (8.00–13.00 Uhr).

RESTAURANT/UNTERKUNFT

Die € € **Trattoria Rocchetti** ist ideal für Fleisch-liebhaber. Alles kommt frisch vom Grill (Località Rocchetti, Tel. 045/758 04 96, www.trattoria rocchetti.com). Wer lieber im hübschen Hinter-land, fast wie in der Toskana, nächtigen will, wählt das € € € **Principe di Lazise** mit schö-nem, 2000 m² großen Spa (Località Le Greghe, Tel. 045/649 01 77, www.hotel principedilazise. com). Das Hotel € € € **Corte Valier** direkt am See hat sich zum Motto gemacht: „Garda, lake no other" (Via della Pergolana 9, Tel. 045/647 12 10, www.cortevalier.com).

UMGEBUNG

Die Thermen von **Colà** (südöstl.) bestehen aus einem 13 Hektar großen Park, der Villa dei Cedri mit Thermalbad sowie zwei großen Ther-malseen mit 37 Grad heißem Wasser. Am schönsten ist es abends: Sa. und vor Feierta-gen ist von 9.00 bis 2.00 Uhr nachts geöffnet, So. bis Mitternacht und sonst bis 23.00 Uhr (ab 18 €, Tel. 045/759 09 88, www.villadeicedri.it). Westlich von **Castelnuovo del Garda** beginnt das Paradies für Kinder: **Gardaland**, Italiens größter Freizeitpark auf 46 Hektar Fläche mit

Immer auf dem Wasser

Tipp

Eine **Schiffsrundfahrt** TOPZIEL ent-lang der wichtigsten Ortschaften am See – das wäre doch was. Die schnellste Direktverbindung von Peschiera (ab 9.10 Uhr) nach Riva dauert drei Stunden und 5 Minuten. Nach rund eineinhalb-stündigem Aufenthalt geht's wieder zu-rück nach Peschiera, Ankunft ist dort um 19.35 Uhr. Die beiden schönsten Schiffe sind die Schaufelraddampfer **Italia** aus dem Jahr 1908, der im Süden, und **Zanardelli** aus dem Jahr 1903, der im Norden verkehrt.

INFORMATION
Fahrplan: www.navigazionelaghi.it

Am alten Hafen von Desenzano kann man auch mal ganz gut die Seele baumeln lassen …

50 Attraktionen und vier themenbezogenen Dörfern (ab 22 €, www.gardaland.de). Dazu ge-hört Sea Life sowie separat Movieland mit dem angeschlossenen Aquapark, dem größten Was-serpark am See (www.canevaworld.it).

INFORMATION
Tourismusverband, Via Fontana 14, 37017 Lazise, Tel. 045/758 01 14, www.gardasee-info.com

❸ Peschiera

„Eine schöne Stadt mit mächtigen Verteidi-gungsanlagen" sei Peschiera, schrieb schon Dante in seiner „Göttlichen Komödie", wobei man hinzufügen möchte, dass neben den Verteidigungsanlagen auch romantische Kanäle das Bild des 9000-Einwohner-Städtchens prägen.

SEHENSWERT
Die **Altstadt** ist von Kanälen umschlossen, die zusammen mit den Brücken ein fast schon vene-zianisch anmutendes Flair verbreiten. **Porta Verona** und **Porta Brescia** markieren den Ein- und Ausgang zum Zentrum. Die fünfeckige **Festung** aus dem 16. Jh. beherrscht es, und die Stadtmauer hält alles zusammen am einzi-gen Abfluss des Sees.

ERLEBEN
Ein Abend am durch Laternen beleuchteten **Canale di Mezzo** ist fast kitschig romantisch.

VERANSTALTUNGEN
Die **Notte di San Lorenzo**, die Sternschnup-pennacht, ist zwar jedes Jahr am 10. August in ganz Italien ein Ereignis, aber in Peschiera wird es als Volksfest mit gastronomischen Ständen und Musik gefeiert.

EINKAUFEN
Auf antik gemachte Steinfiguren ab 30 € finden sich bei **Lonardi** (Località Mandella, Tel. 045/ 755 11 51, www.lonardituttoperilgiardino.it). **Markttag** ist der Montag (8.00–13.00 Uhr).

UMGEBUNG
In **Valeggio sul Mincio** (südöstl.) wurden nicht nur die Tortellini erfunden, das idyllische Städtchen verfügt auch über Wassermühlen, schnuckelige Häuschen am Fluss und eine prächtige Skaligerburg (13. Jh.) im Park Sigurtà.

INFORMATION
Tourismusverband, Piazzale Betteloni 15, 37019 Peschiera, Tel. 045/755 16 73, www.peschieradelgarda.org

❹ Sirmione

Mit 7500 Einwohnern gehört **Sirmione** TOP-ZIEL zu den wichtigsten Gemeinden am See. Nur ein Tor führt ins Gewirr der Altstadtgassen.

SEHENSWERT
Die **Wasserburg** ist eine der besterhaltenen und größten je gebauten Skaliger-Anlagen aus dem 13. Jh. (April–Sept. tgl. 9.00–19.00, Okt. bis März Di.–So. 9.00–16.00 Uhr). An der Spitze der Halbinsel befinden sich die Ruinen eines reprä-sentativen römischen Gästehauses oder einer Privatvilla. Die Bezeichnung **Grotten des Catull** verdankt der Komplex einem Chronis-ten der Renaissance; auf diese Zeit geht auch die (fälschliche) Annahme zurück, dabei könne es sich um einen Wohnsitz des römischen Dichters Catull gehandelt haben.

ERLEBEN
Baden wie ein Römer kann man in den Thermen von Sirmione. Der große **Thermalpool** liegt di-rekt am See (ab 39 €, tgl. Kernöffnungszeiten 10.00–22.00 Uhr; Tel. 030/91 60 44, www.terme disirmione.com).

AKTIVITÄTEN/EINKAUFEN
Der nächste **Golfplatz** liegt nur gut 10 km süd-lich des Orts (Tel. 030/9 18 01, www.chervogolfs anvigilio.it). **Markttag** ist Freitag (8.00–13.00 Uhr) in Lugana di Sirmione.

RESTAURANT/UNTERKUNFT
Das € € € € **Vecchia Lugana** gilt als eine der Feinschmeckeradressen am Gardasee und be-findet sich im Weinvorort Lugana (Piazzale Vecchia Lugana 1, Tel. 030/91 90 12). In einer Parkoase mit breitem Privatsteg über dem See gelegen, zählt das € € € € **Villa Cor-tine Palace Hotel** zu den vornehmsten Häu-sern am Lago (Via Grotte 6, Tel. 030/990 58 90, www.hotelvillacortine.de).

INFORMATION
Tourismusverband, Viale Guglielmo Marconi 2, 25019 Sirmione, Tel. 030/91 61 14, www.sirmione.it

⑤ Desenzano

Mit gut 26 000 Einwohnern ist Desenzano die größte Stadt am Gardasee.

SEHENSWERT
Der Dom **Santa Maria Maddalena** aus dem 17. Jh. steht neben dem idyllischen kleinen und dem mit weißen Segelyachten belegten großen **Hafen**, dem **Lungolago** und den Überresten der antiken **Villa Romana** aus dem 3. Jh. im Mittelpunkt des Interesses.

ERLEBEN/EINKAUFEN
Am italienischen Nationalfeiertag Ferragosto (15. August) findet ein Lichterspektakel statt, **la Notte d'Incanto**, bei dem ungezählte kleine, mit Kerzen geschmückte Schiffchen auf den See hinausgelassen werden. **Markttag** ist der Dienstag (8.00–13.00 Uhr).

INFORMATION
Tourismusverband, Via Porto Vecchio 34, Tel. 030/374 87 26, www.desenzano4you.com

⑥ – ⑨ Zwischen Desenzano und Salò

Die Orte ⑥ **Padenghe sul Garda** (4000 Einwohner), ⑦ **Moniga del Garda** (2000 Einwohner), ⑧ **Manerba del Garda** (3500 Einwohner) und ⑨ **San Felice del Benaco** (3000 Einwohner) liegen mit ihren Zentren nicht direkt am See. Zu den Gemeinden gehören jedoch zahlreiche Ortsteile mit zum Teil langen Kiesstränden. Am Ufer gibt es viele Campingplätze.

SEHENSWERT
Die **Burgen** von **Padenghe** und **Manerba** (beide bis heute bewohnt und wie ein Dorf zugänglich) sowie von **Moniga** sind von Weitem zu sehen. Von der Halbinsel **San Fermo** und von der 218 m hohen **Rocca di Manerba** blickt man auf die Isola San Biagio sowie auf die **Isola del Garda TOPZIEL** (s. S. 94–97).

ERLEBEN
Die Isola San Biagio, nahe Manerba, kann man tagsüber, je nach Wasserstand, zu Fuß erreichen. Abends finden in der Saison **Konzerte** am Strand statt (Wassertaxi von Porto Torchio).

AKTIVITÄTEN/EINKAUFEN
Moniga ist bekannt für seine Weinreben, aus denen der Rosé Chiaretto gemacht wird. Eine etwa 10 km lange Panoramastraße führt durch das Anbaugebiet, die sich für eine **Fahrradtour** anbietet. **Markttage** sind Montag in Moniga, Mittwoch in San Felice, Freitag in Manerba und Samstag in Padenghe, jeweils von 8.00 bis 13.00 Uhr.

INFORMATION
www.comune.manerbadelgarda.bs.it,
www.comune.padenghesulgarda.bs.it,
www.comune.sanfelicedelbenaco.bs.it,
www.gardavaltenesi.com

Genießen   Erleben   Erfahren

DuMont Aktiv

Aufschlag in e-Moll

Oberhalb von Bardolino finden Anfänger, Gelegenheitsspieler und begeisterte Vielspieler beste Voraussetzungen – ob es um „mal eine Stunde zwischendurch" geht oder um ein detailliertes Wochenprogramm. Sprachprobleme gibt's keine: Der Chefcoach ist Deutscher.

Was lernt ein Tennisneuling in einem Wochenkurs? Hat der Anfänger mehr Lust oder mehr Frust? Die beste Antwort darauf: Die Konzentration macht's, sogar bei Anfängern. Tennis ist nicht nur ein Technik- und Lauf-, sondern auch ein Mentalsport. Selbst die Crème des Tenniszirkels spielt wie in der Kreisklasse, wenn die Konzentration fehlt. Nach einem langen Arbeitstag kann man schwerlich gut spielen, aber im Urlaub ist man frei im Kopf – und das ist dann die Chance auf ein gutes Spiel.

Thorsten Schneider ist der Herr auf den Plätzen von Arca, oberhalb von Bardolino. Er weiß um das Konzentrationsproblem und schaut sich seine Pappenheimer genau an, geht auf sie ein, korrigiert, jedoch ohne dabei den Spiel- und damit Spaßfluss zu stören. „Die Leute sind im Urlaub. Da müssen Erfolg und Spaß auf einer Stufe stehen", sagt der gebürtige Wittener. Die Gruppen teilt der 48-Jährige, der im Winter für den Braunschweiger THC in der Regionalliga aufschlägt, und seine drei Trainer nach Spielstärke mit maximal vier Personen ein. Lernen und Wiederholen des Gelernten, Verbessern der Grundstellung, der Schlägerhaltung, des exakten Treffmoments, der Endposition: Thorsten will, dass es plopp! macht. Wenn es so klingt beim Schlag, kommt der Ball auch an. Und für die Profis gilt: Der Aufschlag sollte bitteschön in e-Moll sein …

Auf einen Blick

Preise: Die Platzmiete kostet 12, die Einzelstunde 35, der Kinderkurs 99 und der Intensivkurs mit siebenmal 90 Minuten 230 € Die sieben Sandplätze sind alle gut gepflegt.

Kontakt: Tennisschule Thorstennis, Residence Arca di Bardolino, Tel. 045/721 03 47, www.thorstennis.com

Romeo und Julia im 21. Jahrhundert

Verona wird meist in einem Atemzug mit seiner Arena und den darin stattfindenden Opernfestspielen genannt. Noch spannender und emotionaler aber zeigt sich die Stadt auf den Spuren von Romeo und Julia. Bei einem Spaziergang mit einer der „Julias", die Jahr für Jahr rund 7000 (Liebes-)Briefe beantworten, die an Shakespeares Heldin in Verona geschickt werden, erlebt man die Stadt ganz neu.

Heiße Liebesschwüre in Verona? Wo sonst sollte man seine Liebe, mit Kugelschreiber oder Filzstift, „festhalten", als hier bei der Casa di Giulietta?

Wo alles anfing: Im Innenhof der Casa di Giulietta soll sich die tragische Liebesgeschichte von Romeo und Julia ereignet haben, und zwar „in geheimer Nacht". Daran erinnern dort heute „der" Balkon und Julias Statue, deren rechte Brust schon reichlich abgegriffen ist – sie zu berühren verspricht (Liebes-)Glück. Authentisch sind weder der Balkon noch Julias Grab, eine schlichte Steintumba in der alten Chiesa San Francesco, aber der Mythos lebt. Dafür sorgen auch jene modernen Julias, die für die Beantwortung der an „Julia, Verona" gerichteten Briefe zuständig sind. Übrigens hat sich auch unser Autor, vor keinem Selbstversuch zurückschreckend, für dieses Heft als liebeskranker Romeo ausgegeben und einen entsprechenden Brief geschrieben. Die Antwort kam 16 Tage später und enthielt einen weisen Rat: „Gib nicht auf und kämpfe für deine Liebe!"

Sie holt mich ab. Im „Hotel Giulietta e Romeo", nur ein paar Schritte von der Arena di Verona entfernt, wo sich an der Piazza Bra das Wohnzimmer der Stadt auftut: mit prächtigen Villen und Marmorpalästen, dem Rathaus und einem kleinen Park, dem einzigen größeren Fleckchen Grün in der gesamten Altstadt. In Wirklichkeit heißt sie gar nicht Julia, sondern Manuela. Sie ist 46 Jahre alt und Fremdenführerin in Verona. Ihr Hobby: Julia spielen, nicht auf der Bühne, sondern im wahren Leben. Manuela gehört zu den 14 Veroneserinnen, die jene rund 7000 Briefe an Shakespeares Julia ehrenamtlich beantworten. Manchmal sind es nur wenige Zeilen, manchmal auch seitenlange Abhandlungen von Verliebten, Romantikern, einsamen Menschen. Sie alle schreiben an „Julia – Verona – Italia". An jene Julia also, die Shakespeare unsterblich in der Literaturgeschichte verankerte. Und obwohl sie gar keine genaue postalische Adresse hat, kommen alle diese Briefe seit Jahrzehnten an.

Der Mythos soll leben

„Er ist für all das verantwortlich", erklärt Manuela und deutet auf eine Bronzebüste an den Portoni de la Bra. William Shakespeare schrieb mit seiner vermutlich 1597 in London uraufgeführten Tragödie „Romeo und Julia" die berühmteste Liebesgeschichte der Welt. „Sie ist glaubhaft, aber sie ist nicht bewiesen", erzählt Manuela, während wir durch schicke Geschäftsgässchen in den Bauch der Stadt gehen – auf den Marktplatz, die Piazza delle Erbe mit ihrem venezianischen Löwen und dem Lambertiturm. Kurz vor dem Haus von Romeo lädt Manuela auf ein „Julia-Küsschen" ein: In der Pasticceria de Rossi gibt es die süße Verführung *Baci di Giulietta* aus Marzipan und Zuckerguss.

„Für die meisten sind die Briefe an Julia wie ein Tagebucheintrag", sagt sie. „Viele reflektieren selbst und erwarten gar keine Antwort. Und dennoch schreiben wir zurück. Der Mythos soll leben."

An der Piazza Bra: Die Kellner warten schon. Wie wär's mit einem Aperitif vor dem abendlichen Gang in die Arena? Dort füllen sich schon allmählich die Ränge, und bald klingen vielleicht nicht himmlische, aber doch sehr schöne Gesänge hinauf zum Himmelszelt.

„Das Amphitheater ist also das erste bedeutende Monument der alten Zeit, das ich sehe, und so gut erhalten!" (Johann Wolfgang von Goethe über die im 1. Jahrhundert n. Chr. erbaute Arena).

Wochentags findet auf der Piazza delle Erbe ein Blumen- und Gemüsemarkt statt.

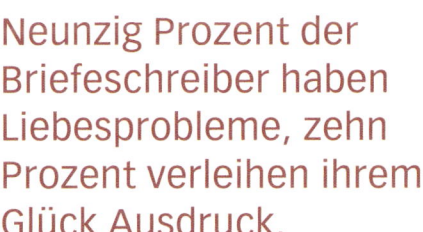

Neunzig Prozent der Briefeschreiber haben Liebesprobleme, zehn Prozent verleihen ihrem Glück Ausdruck.

Eine unsterbliche Liebe

„Das Backsteinhaus mit Turm zeigt, dass Romeos Familie mächtig und reich war", erläutert Manuela: Die Montecchis gehörten den Ghibellini an, waren Anhänger der Kaiserpartei, während Julias Familie Cappelletti zu den Guelfi gehörte, den Papstanhängern. Diese Konstellation, die eine Liebe zwischen Julia und Romeo nicht zuließ, steht auch symbolisch für den ewigen Machtkampf zwischen Klerus und Adel: Schaut man in Verona lediglich auf die Architektur, stehen die Kirchen deutlich im Schatten der weltlichen Paläste, Türme und Burgen, allen voran dem mächtigen Castelvecchio an der Etsch. Es ist ungefähr genauso alt wie die wahre Geschichte von Romeo und Julia, die sich im Jahr 1303 zugetragen haben soll.

„Neunzig Prozent der Briefeschreiber haben Liebesprobleme, zehn Prozent verleihen ihrem Glück Ausdruck. Zur Hälfte sind es junge Leute zwischen 16 und 25, aber auch 70-Jährige schreiben uns", sagt Manuela. „Es geht wirklich um alles, was irgendwie mit Liebe zu tun hat." Susan aus Schottland zum Beispiel fragt, ob romantische Liebe in einem kühlen Klima überhaupt möglich sei. Graziella aus Mailand schreibt zum Valentinstag, dass sie nun schon 50 Jahre alt sei und immer noch keinen Romeo gefunden habe. Auch ich habe einen Brief an Julia geschrieben, erzähle ich, doch da nimmt uns in der Via Cappello vor Julias Haus auch schon eine Menschentraube gefangen. Rechts und links schreiben Menschen jeden Alters und Geschlechts Liebesbotschaften an die Wände. Wir werden in den Hof gedrängt, wo Julias Statue steht und ihr Balkon zu bewundern ist.

Ein Romeo namens Ettore

Julias Bronzestatue gibt es erst seit 1972. Die rechte Brust ist glatt poliert. Beinahe jeder Besucher grapscht sie ungeniert an: Wer das macht, sagt man, dem bleibt die Liebe ewig hold. Der Balkon ist zwar aus dem 13. Jahrhundert, wie das Cappelletti-Haus auch, nur hatte dieses Haus ursprünglich gar keinen Balkon. Den hat Shakespeare erfunden, wie das meiste an der Tragödie. Aber unter Julias Balkon wird deutlich, dass alle diese Geschichte, so kitschig sie zuweilen auch vermarktet wird, einfach lieben.

Trotzdem: Verona ist keine Stadt der Liebe. Die Stadt scheint viel zu geschäftig für knutschende Pärchen zu sein und viel zu schnell für tiefe Blicke in die Augen des Geliebten. Manuela stellt im „Club di Giulietta" Giulio Tamassia vor. Der 82-Jährige ist Präsident des Clubs und erzählt von den Anfängen. Seit 1937, zwei

Rund 120 Meter lang ist der Ponte Scaligero, der vom Castelvecchio zum anderen Ufer der Etsch führt und wie die meisten Skaligerbauten mit Schwalbenschwanzzinnen verziert ist. Der Name des Herrschergeschlechtes bezieht sich übrigens auf die aufsteigende Leiter (ital. *scala*) in ihrem Wappen.

Heinrich Heine erfasste „die bunte Gewalt der neuen Erscheinungen" in Verona „wie ein mächtiger Fiebertraum voll heißer Farben, scharf bestimmter Formen, gespenstischer Trompetenklänge". Ob auch der Giardino Giusti (oben, rechts) zu diesen Erscheinungen gehörte? Der im 16. Jahrhundert angelegte Renaissancegarten ist jedenfalls ein (auch im Wortsinn) kleines Paradies.

Das Hauptportal des Doms Santa Maria Matricolare schmückt ein doppelgeschossiger Baldachinvorbau – ein Spätwerk (1138) des Bildhauers Nicolò, der auch den Portikus von San Zeno schuf.

Über dem Grab des Stadtpatrons, des heiligen Zeno, wurde San Zeno Maggiore errichtet.

Scaligeri

Special

Verhasste Herrscher

Der Ponte Scaligero durfte nur von den Skaligern betreten werden.

Ihre Burgen kennt jeder vom Gardasee, aus Sirmione, Torri del Benaco oder Malcesine, und das Castelvecchio in Verona ist die mächtigste aller Skaligerburgen. In den Jahren 1260 bis 1387 herrschte die Adelsfamilie über die Stadt, und wie wenig sie dort geschätzt wurde, scheint ihr nicht entgangen zu sein – nicht umsonst sicherte man sich den Ponte Scaligero als Fluchtweg.
Ausgerechnet die verhassten Skaliger aber hinterließen mehr Bausubstanz in Verona als alle anderen. Von der römischen Ansiedlung im 1. Jahrhundert blieb die Arena erhalten, der venezianische Löwe begegnet einem auf Schritt und Tritt, am exponiertesten sichtbar auf der Marktsäule der Piazza delle Erbe. Die Skaliger aber schufen nicht nur das Castelvecchio und ihren Palast auf der Piazza dei Signori, sondern sie ließen sich sogar noch bis über ihren Tod hinaus verherrlichen, indem sie ihre prunkvollen Sarkophage mitten in der Stadt aufstellten.

Jahre nach dem Anbau des Julia-Balkons, gingen die ersten Briefe ein. Ein Romeo namens Ettore Solimani beantwortete sie in den Jahren vor dem Zweiten Weltkrieg. „Um 1970 gründete ich mit ein paar Veronesi einen Julia-Club, weil uns der Mythos interessierte", sagt il Presidente. „Und 15 Jahre später fragte der Kulturreferent, ob wir denn nicht die vielen Julia-Briefe wieder beantworten wollten wie einst Ettore." Der Kulturreferent hatte einen guten Riecher. Die Julia-Briefe wurden zur Erfolgsstory. Die Stadt bezahlt bis heute das Porto – aber auch nicht mehr – und hat dafür einen der besten touristischen Marketinggags weltweit.

Es gibt sie also doch …
Auch Manuela meint: „Die Welt braucht die Liebe! Selbst wenn sie im Tod mündet." Wir stehen inzwischen vor Julias vermeintlichem Grab, etwas außerhalb des Stadtkerns, in den Katakomben der Kirche des heiligen Franziskus. Dort wurden einst Julia-Rituale abgehalten, dort fand man die ersten Nachrichten an Julia. Und dort kann man heutzutage heiraten. Es gibt sie also doch, die Liebe in der steinernen Stadt.
Was denn jetzt mit meinem Brief sei, fragt mich Manuela, den ich Julia geschrieben hätte? „Okay", antworte ich, „meine Geschichte erzähle ich beim Mittagessen – in der Osteria Giulietta e Romeo, gar nicht so weit von hier ..."

Das perfekte Schleckeis

Ganz schön lecker

Nein! Eiscreme wurde nicht in Italien erfunden. Es waren nachweislich die Chinesen, die – noch ein Messerstich mitten ins sensible italienische Herz – ja auch die ersten Nudeln kochten. Aber es gibt wohl keinen Zweifel, wo heute das beste Eis der Welt gemacht wird. Genau: in Italien. Hier unsere Favoriten am Gardasee.

1 Gelateria-Pasticceria Bologna, Mori

Im Hinterland, in einer eleganten Villa der 1920er-Jahre mit großer schöner Terrasse – aber leider einer weniger hübschen Umgebung – gibt's die geschmackvollste Eiscreme der ganzen Gardasee-Region. Eismacher Osvaldo setzt eine Tradition fort, die schon seit 1960 gilt: Nur beste und frischeste Zutaten werden verwendet. Was bedeutet, dass es nur Himbeer- oder Birnen-Eis gibt, wenn gerade Saison für Himbeeren oder Birnen ist ... Diesen Abstecher wird niemand bereuen! Allein das Pistacchio lohnt den Weg (im Sommer Fr.–Mi. bis 24.00, Winter bis 20.00 Uhr).

Gelateria Bologna,
Via Garibaldi 12, Mori,
Tel. 0464/91 84 75,
www.gelateriabologna.it

2 Roxy Bar, Limone

Von außen optisch trist, von innen kaum ansehnlicher, aber dennoch besuchenswert: Denn das Eis ist ein Knaller! Wie im Bologna in Mori wird auch in dieser *Gelatiera artigianale* auf jegliche Konservierungsstoffe verzichtet. Das hat den Vorteil, dass wirklich nur absolut frisches Eis in der Kühlung angeboten wird. Von allen rund 20 Sorten ist natürlich das Limoncello-Eis der Star. Dafür hat Eismacher Stefano zwar kein Patent, aber doch ein Alleinstellungsmerkmal – und das nicht nur in Limone.

Roxy Bar, Via Comboni 20,
Limone, Tel. 0365/95 43 84

3 Casa del Dolce, Salò

Die lange Schlange am Domplatz zeigt es schon an: Hier gibt es etwas Besonderes, nämlich wahrscheinlich das beste Eis direkt am See. Natürlich in Bio-Qualität: Besonders das Milchspeiseeis zergeht zartschmelzend im Mund, obgleich es in der Konsistenz fest ist. Und man hat den Eindruck, dass es gar nicht eiskalt wäre ...
Die vielleicht beste Sorte, die Gelatiere Barone seiner Kundschaft anbietet, dürfte das fast schwarze Schokoladeneis sein. Aber auch das Erdbeereis schmeckt großartig, wie nach frisch pürierten Beeren.

Casa del Dolce,
Piazza Duomo 1, Salò,
Tel. 0365/2 21 62

4 Gelateria Cristallo, Bardolino

Die Familie Pasqualini hat seit der Eröffnung ihrer Eisdiele im Jahr 1969 ganz schön expandiert: Inzwischen werden 500 Sitzplätze angeboten, nur durch den Bürgersteig vom Seeufer getrennt und wenige Meter vom Hafen entfernt. Das Cristallo ist zu einem echten Treffpunkt für Lago-Fans geworden. Aber eines ist geblieben: Die Qualität der Eiskugeln in ihren bis zu 40 Geschmacksrichtungen, die je nach Saison angeboten werden. Beste Sorte: *Frutti di Bosco*, Waldfrüchte.

Gelateria Cristallo, Lungolago, Bardolino, Tel. 045/721 00 45

5 Bar Catullo, Garda

30 Sorten Eiscreme gibt's direkt am Lungolago. Wobei zwei *Gusti* auch glutenfrei sind, nämlich Vanille und Erdbeer. Absolut empfehlenswert ist das köstliche Amarena. Wobei man die nette Bedienung immer fragen sollte, ob man auch eine der zuckersüßen und so aromatischen Amarena-Kirschen in den Becher und auf die Waffel bekommt: *Con Cieliege, per favore! – Grazie mille, Signora!* Der Preis liegt mit 1,50 € pro Kugel deutlich über dem Schnitt von 1,20 €, aber wer schaut bei leckerem Eis schon auf 30 Cent?

Bar Catullo, Lungolago, Garda, Tel. 045/725 59 49

6 Gelateria Miralago, Torri del Benaco

Der Eingang vom Dorf her ist uncharmant. Aber wer nach hinten durchgeht, kommt zunächst in einen schmalen Garten und dann über den Lungolago zum See und dem Ponton über dem Wasser. Der ist zwar eigentlich für die Restaurantgäste gedacht, doch außerhalb der Essenzeit werden dort auch nur Eiscreme oder Eisbecher serviert. Klasse ist das aus Limetten gemachte Lime. Aber auch alle weiteren 27 Sorten schmecken sehr lecker. Dort hat schon Ex-Bundespräsident Horst Köhler Eis geschleckt.

Gelateria Miralago, Lungolago, Torri del Benaco, Tel. 347/760 60 00

7 Wind's Bar, Torbole

Fünf verschiedene Waffeln (natürlich auch Becher) stehen bereit, um Kugeln von 16 verschiedenen Eissorten aufzunehmen. Die Wind's Bar ist der Surfer-, Tratsch- und Partytreffpunkt im fancy Torbole. Die Gelateria ist nur Beiwerk, am Rand etwas versteckt, aber dennoch fein und vor allem bis 2.00 Uhr nachts geöffnet. Marco vom Wind's-Team sagt: „Unser Eis macht glücklich, und wir rocken alle durch die Nacht!" Bester *Gusto*: ein unwiderstehliches *Bacio*, Schokoladensahneeis mit leichtem Nussgeschmack.

Wind's Bar, Via Matteotti 9, Torbole, Tel. 0464 50 52 32, www.windsbar.com

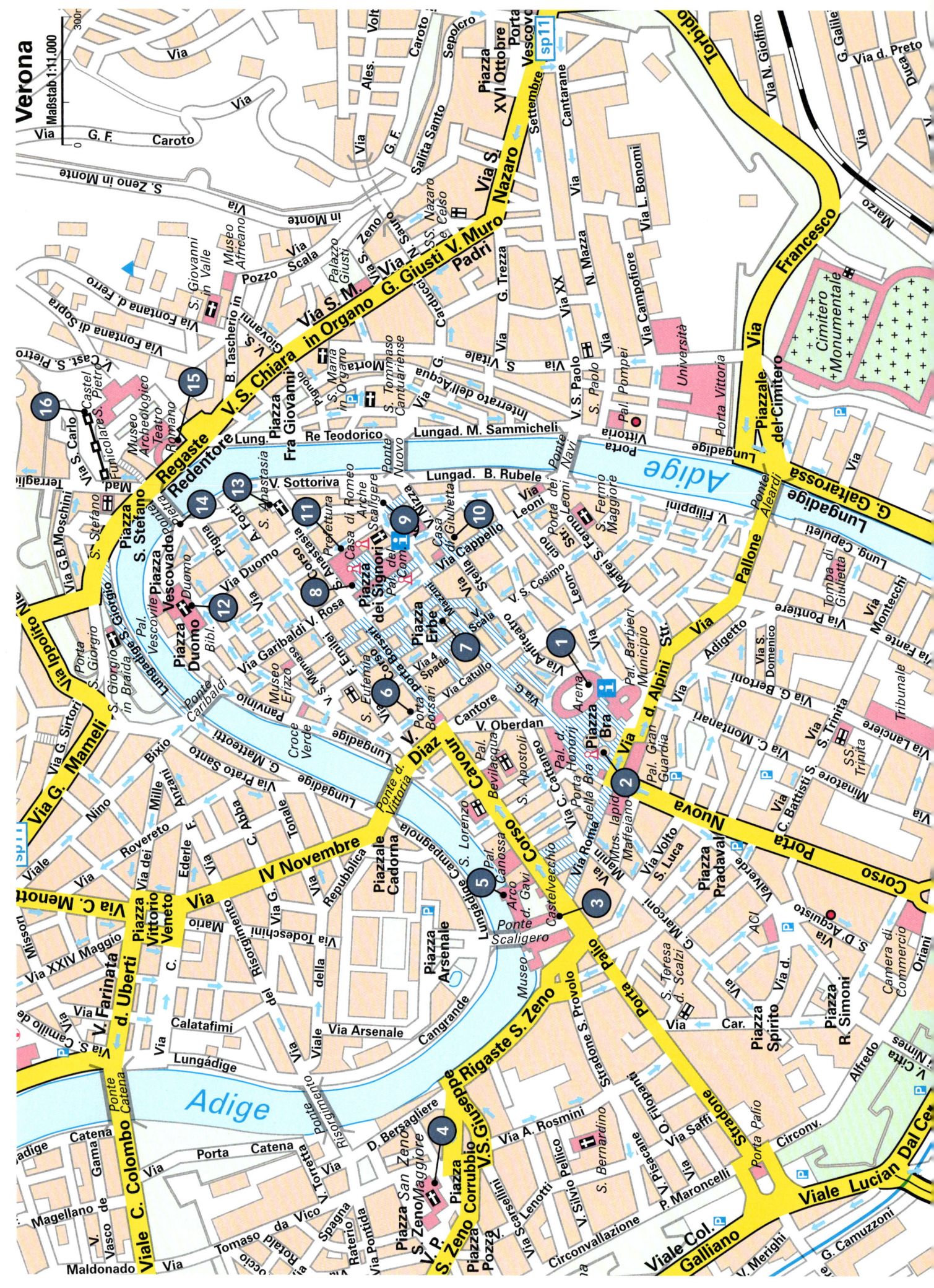

Die Schöne an der Etsch

Im Westen lockt Mailand, im Osten Venedig, und dazwischen liegt Verona. Schade, dass der „Stadt in der Mitte" meist nur ein Besuchstag gewährt wird. Denn der Ort mit seinen knapp 270 000 Einwohnern kann es zumindest mit Mailand locker aufnehmen – und zwar nicht erst seit dem Jahr 2000, als Veronas Altstadt von der UNESCO zum schützenswerten Erbe der Welt erklärt wurde.

❶ – ⓰ Verona

Seit 49 v. Chr. mit römischen Stadtrechten bedacht, findet man in **Verona TOPZIEL** das nach Rom und Capua bei Neapel drittgrößte Amphitheater Italiens. Zudem gilt die Stadt als Schauplatz der wahrscheinlich bekanntesten Liebesgeschichte der Welt.

SEHENSWERT

Das ❶ **Anfiteatro**, die Arena di Verona, ist das berühmteste Bauwerk der Stadt und ihr Symbol. Es wurde um das Jahr 30 außerhalb der Stadtmauer mit einem Fassungsvermögen von mehr als 30 000 Zuschauern für Gladiatoren- und andere Wettkämpfe aus weißem und rötlichem Kalkstein erbaut. Heute finden bis zu 15 000 Zuschauer bei Opernaufführungen (pro

Oben: „Römische Begegnung" auf Veronas Piazza Bra. Rechts: Marktstände an der Piazza dell'Erbe (oben) und an der Piazza dei Signori.

Tipp

Besser, billiger

Veronas historisches Zentrum hat streng reglementierte Anfahrtszeiten für Autos. Es darf nur zwischen 10.00 und 13.30, 16.00 und 18.00 sowie zwischen 20.00 und 22.00 Uhr angefahren werden; Sa., So. und an Feiertagen ausschließlich in der Zeit zwischen 10.00 und 13.30 Uhr. Gäste, deren Hotel in den verkehrsberuhigten Zonen liegt, bekommen vom Hotel Zufahrtsgenehmigungen. Kostenfreie Parkmöglichkeiten stehen am Stadion, an der Piazzale Guardini und an der Porta Palio zur Verfügung. Mit der **Verona Card** kann man die städtischen Busse kostenfrei benützen, auch der Eintrittspreis zu vielen Museen ist inklusive.

INFORMATION

Die Karte gibt es zu 18 € (für 24 Stunden) und 22 € (für 38 Stunden) in den Tabaccherie (erkennbar am weißen „T" auf schwarzen Hintergrund) sowie in partizipierenden Museen. Ansonsten kostet eine Busfahrt 1,30 €, das Tagesticket 4 €.

Festspielsaison rund 450 000 Besucher) oder Rockkonzerten Platz. Zu Gast waren schon unter anderem Peter Gabriel und Supertramp sowie Jamiroquai, dessen (verregnetes) Konzert auch auf DVD veröffentlicht wurde. Öffnungszeiten, auch an Aufführungstagen: Di.–So. 8.30 bis 19.30 (Kartenverkauf bis 18.30), Mo. erst ab 13.30 Uhr (siehe Tipp S. 115). Die ❷ **Piazza Bra** gilt als Salon der Stadt, mit prächtigen Häusern, einem kleinen Park, dem **Palazzo Barbieri**, dem heutigen Rathaus (in dem der 2015 aus seiner Partei Lega Nord ausgetretene Bürgermeister Flavio Tosi regiert), dem Museum **Lapidario Maffeiano** sowie direkt davor – und nicht zu vergessen – der Bronzebüste von William Shakespeare. Von hier breitet sich die zum Weltkulturerbe ernannte Altstadt wie eine Zunge aus, umgeben von der Etsch. Sieben Brücken ermöglichen den Übertritt ans andere Ufer. Über die Via Roma gelangt man zum ❸ **Castelvecchio**, der bedeutendsten Scaligerburg aus dem 14. Jh.
Die wenigen Schritte über den einst verbotenen Ponte di Castelvecchio auf die andere Flussseite sollte man sich unbedingt für einen Gesamtanblick der Burg mit dem grünlichen

Etsch-Wasser im Vordergrund gönnen: ein Postkartenmotiv. Wieder zurück, führt der Weg (eventuell mit einem kleinen Abstecher zur Bronzetür der ❹ **Basilica di San Zeno** aus dem 12. Jh.) über den Corso Cavour am kleinen ❺ **Arco dei Gavi** vorbei zur ❻ **Porta Borsari**, beides bestens erhaltene Relikte aus römischer Zeit. Über den Corso Porta Borsari stößt man an dessen Ende auf die ❼ **Piazza delle Erbe**, den sogenannten Bauch der Stadt. Das einstige Forum Romanum wird heute von Marktständen mit Obst, Gemüse, Salami, Käse und Kitsch beherrscht. Hinzu kommen der Palazzo Maffei mit dem Brunnen der Madonna Verona und dem venezianischen Löwen davor sowie der 84 m hohe **Torre dei Lamberti**, von dem man den besten Ausblick auf die Stadt hat (Mo.–Fr. 10.00–18.00, Sa./So. 11.00–19.00 Uhr). Hinter dem Lamberti-Turm geht man über die ❽ **Piazza dei Signori**, einem wundervollen Platz mit den **Palazzi Scaligeri** (darunter dem Palazzo di Cangrande von 1280) und dem Denkmal Dante Alighieris von 1865. Der Dichter

Links: Die im 5. Jh. gegründete Kapitularbibliothek des Domkomplexes gehört zu den ältesten der Welt. Rechts: Blick auf die Arche Scaligere, die monumentalen Grabmäler der Skaliger.

schrieb große Teile seiner „Göttlichen Komödie" in Verona. Es folgen die ❾ **Arche Scaligere**: Besonders wuchtig zeigt sich das Baldachingrab des Cangrande, des mächtigsten Skaliger-Fürsten, der 1329 starb. Daran sieht man auch das Familienwappen, *La Scala* – die Leiter, nach der Mailands berühmtes Opernhaus benannt ist. Die ❿ **Casa di Giulietta** mit der Julia-Statue und dem „Julia-Balkon", der einst ein Sarkophag war, liegt unweit davon in der Via Cappello, einer der Flaniermeilen der Stadt (Di.–So. 8.30–19.30, Mo. ab 13.30 Uhr). Ein paar Schritte weiter, im Corso Santa Anastasia 29, befindet sich der „Club di Giulietta" (Tel. 045/53 31 15, www.julietclub.com). Die ⓫ **Casa di Romeo**, ein mächtiges Backsteinhaus mit Turm, der einst den Wohlstand seiner Besitzer anzeigte, ist heute ein Privathaus und nur von außen zu besichtigen. Sie liegt ums Eck in der Via Arche Scaligere, während sich das „Grab der Julia" etwas außerhalb der Altstadt, in den Katakomben der **Chiesa San Francesco**, befindet (Via del Pontiere 35, Di.–So. 8.30–19.30, Mo. ab 13.30 Uhr). Der über einer Vorgängerkirche aus dem 5. Jh. errichtete ⓬ **Dom Santa Maria Matricolare** entstand bereits im Jahr 1139, der Glockenturm wurde allerdings erst Anfang des 20. Jh. vollendet. Kunstkenner kommen vor allem wegen der „Himmelfahrt Mariä" von Tizian (März–Okt. 10.00–17.30, So. und Feiertage ab 13.30 Uhr, im Winter etwas kürzer). Eine weitere bedeutende Kirche ganz in der Nähe, die oft fälschlicherweise für die Kathedrale gehalten wird, ist die ⓭ **Basilica di Santa Anastasia**, ein gotischer Backsteinbau mit schlankem Terrakottaturm. Sehenswert sind besonders die Buckligen – das Weihwasserbecken tragende Statuen (März–Okt. 9.00 bis 18.00, So. und Feiertage ab 13.00 Uhr, im Winter kürzer). Von ihnen sind es nur wenige Meter zum ⓮ **Ponte Pietra**, Veronas bekannteste Brücke und gleichzeitig der älteste erhaltene Bau der Römer (1. Jh. v. Chr.). Hinüberzugehen lohnt sich, vor allem wegen des rechter Hand liegenden ⓯ **Teatro Romano** aus dem 1. Jh. n. Chr.; im Sommer finden auch hier Theateraufführungen statt, obgleich nur

noch die Zuschauerränge, nicht aber die ursprüngliche Bühne erhalten sind. Oberhalb liegt das ⓰ **Castel San Pietro**. Der **Giardino Giusti** befindet sich ebenfalls auf dieser Etsch-Seite: Schon Goethe besuchte den schönen Park (tgl. 9.00–20.00, Okt.–März bis 19.00 Uhr). Außerhalb der Altstadt ist noch die **Porta Nuova** erwähnenswert. Dort findet sich zum einen der Hauptbahnhof, und zum anderen führt der Blick über den Corso Porta Nuova zu den Portoni della Bra, wo die Piazza Bra beginnt.

MUSEEN

Das ❸ **Museo di Castelvecchio** (Website für alle Museen: www.turismoverona.eu) beherbergt das städtische Museum mit Werken von Tintoretto und Tiepolo sowie der Reiterstatue des Cangrande della Scala. Hinzu kommt eine hervorragende Pinakothek (Corso Castelvecchio 2, Di.–So. 8.30–19.30, Mo. ab 13.30 Uhr). Das ⓯ **Museo Archeologico e Teatro Romano** zeigt Stücke aus römischer Zeit, die in und um Verona gefunden wurden (Regaste Redentore 2, Di.–So. 8.30–19.30, Mo. ab 13.30 Uhr). Das **Museo Lapidario Maffeiano** an der ❷ **Piazza Bra** ist ein kleines, aber feines archäologisches Museum mit beeindruckender römischer Atmosphäre: Der Bau gehört zu den ältesten Europas (allerdings wurde das Museum darin erst im Jahr 1734 eingerichtet). Dort findet meist die Eröffnungsparty der jährlichen Opernfestspiele statt (Piazza Bra 28, Di.–So. 8.30 bis 14.00 Uhr).

EINKAUFEN

In der **„Cantina di Giulietta"** serviert man Cara-Giulietta-Wein, 0,7 l ab 10 €, ein Valpolicella rosso (Via Cappello 21, an der Piazza Erbe). Die **„Pasticceria de Rossi"** führt Baci di Giulietta, 300 g Marzipan mit Zuckerguss, zu 8,30 € (Corso Porta Borsari 3). Und wer noch mehr über Julia erfahren will, der geht am besten in eine der vielen Buchhandlungen der Stadt und sichert sich „Letters to Juliet", ein inzwischen mit Amanda Seyfried, Vanessa Redgrave und Christopher Egan auch verfilmtes Buch von Lise und Ceil Friedman.

RESTAURANTS

Verona ist nicht gerade gesegnet mit Restaurants, bei denen Preis und Leistung stimmen. Besonders gilt das für die Gaststätten direkt an der Piazza Bra. Gegenüber dem Gardasee muss man mit (etwa um ein Drittel) höheren Preisen rechnen, ohne dass das Niveau mitziehen würde. Beim € € € **Ristorante Al Capitan della Cittadella** an der Piazza Cittadella 7 sieht das anders aus. Das Fischlokal ist zwar auch nicht gerade günstig, aber was auf den Tisch kommt, ist klasse (Tel. 045/59 51 57, www.alcapitan.it). Etwas günstiger und dennoch gut kommt man in der € € € **Enoteca Segreta** im Vicolo Samaritana 10 (Fußgängerzone) weg. Dort gibt es auch ein ganz typisches Gericht: *Pasta e fasoi alla Veronese*, Nudeln mit Bohnen (Tel. 045/801 58 24, www.enotecasegreta.it). Das € € € **12 Apostoli** in der Corticella San Marco 3 gehört Giorgio Gioco. Er ist nicht nur ein beliebter Koch, sondern auch ein bekannter Mundartdichter mit Veroneser Dialekt (Tel. 045/59 69 99, www.12apostoli.com). Die € € **Osteria Giulietta e Romeo** ist dagegen, nomen est omen, eher etwas für

---

Tipp

Mit „Julia" durch Verona

Manuela Uber ist eine der Julias, die fast täglich mindestens einen Brief beantworten, der an „die Julia aus Shakespeares Tragödie" geschrieben wurde. Zugleich ist sie lizenzierte Stadtführerin und bietet **Julia-Stadtführungen** an, allerdings auf Englisch (Auskünfte und Anfragen unter Tel. 347/471 74 04, www.lamiaverona.com). Wer eine deutsche Julia-Stadtführung bevorzugt, wird von einer deutschsprachigen Kollegin, ebenfalls eine lizenzierte Stadtführerin, begleitet, die jedoch keine „Julia" ist. Der Tarif liegt bei 112 € für 2,5 Std. und bis zu 30 Teilnehmern.

INFORMATION

Standard-Stadtführungen können auch unter Tel. 045/810 13 22, www.veronacityguide.it angefragt werden.

Verona ist die bedeutendste Kulturstadt des Veneto auf dem Festland, oder anders formuliert: des Veneto ohne Venedig.

Große Oper

Tipp

Spielpläne, Preise und Vorbestellungen für Opernaufführungen in der **Arena di Verona** gibt es bei der Fondazione Arena di Verona, Via Roma 7 D, 37121 Verona, Tel. 045/800 51 51, www.arena. it. Außer zur Eröffnungspremiere der Festspiele sind in der Regel an jedem Aufführungsabend noch Karten an der Theaterkasse, direkt an der Arena, erhältlich. Die Preise reichen von 15 € für den nicht nummerierten Sitzplatz bis 226 € in der Gold-Kategorie.

Verliebte. Es gibt *Cucina veronese* auf mittlerem Preisniveau (Corso Santa Anastasia 27, Tel. 045/800 91 77, www.osteriagiuliettaeromeo.it).

UNTERKUNFT

Das **€ € Hotel Giulietta e Romeo** ist eine recht nette Herberge hinter der Arena (Vicolo Tre Marchetti 3, Tel. 045/800 35 53, www.giuli ettaeromeo.it). Etwas außerhalb, in Dossobuono di Villafranca gelegen, aber besonders zur Festspielzeit ein Tipp, da man dort in der Regel immer ein Zimmer bekommt und trotzdem sehr schön in einem hübsch renovierten Kloster nächtigt: das **€ € € Hotel Veronesi La Torre** (Via Monte Baldo 22, Tel. 045/860 48 11, www.hotelveronesilatorre.it).

UMGEBUNG

Weinkenner lassen sich sicherlich einen Ausflug ins nahe **Valpolicella** nicht entgehen. Die Heimat des legendären Amarone und des weniger bekannten, aber dennoch vorzüglichen süßen Recioto wartet mit mindestens einem Weingut in jedem Dorf auf. Beide Weine werden – wohl als einzige weltweit – schon seit mehr als 2000 Jahren angebaut …
Besonders hübsch ist die Villa Novare, ein herrschaftlicher Komplex aus dem 18. Jh., von Weinreben umgeben, soweit man sehen kann. Der Amarone ist eine Spezialität des Guts (Via Asiago 1, 37023 Grezzana, Tel. 045/865 84 44).

INFORMATION

Touristeninformation, Piazza XXV Aprile, im Hauptbahnhof, Tel. 045/800 08 61, www.veronatuttintorno.it

---

Mit dem Rad nach Verona

DuMont Aktiv

Verona ist eine Fahrradstadt. Große Teile der Innenstadt sind nur zu Fuß oder mit dem Fahrrad zugänglich. Für Gardaseebesucher besteht zudem die Möglichkeit, auch per Fahrrad und mithilfe von GPS vom See auf Nebenstrecken in die Stadt und zurück zu radeln.

„Puuuh! Das geht ganz schön hoch" – und in die Beine, mag sich so mancher denken, der die rund 40 Kilometer von Bardolino nach Verona mit dem Fahrrad bewältigt. Es geht nämlich gleich nach dem Start bergauf: Von Bardolino aus wird zunächst in südöstlicher Richtung das Hügelland von Calmasino durchquert. Zwischen den Weinreben und Zypressen kommt man sich ein bisschen wie in der Toskana vor – während man mit dem Auto ja normalerweise die triste Schnellstraße nimmt und an Veronas Straßenstrich vorbei in die Innenstadt gelangt. Mit dem Fahrrad soll's romantischer, ruhiger, einfach radlgerechter zugehen. Also verlässt sich der Fahrradfahrer auf das bereits programmierte Zauberstück GPS, das der Anbieter in Bardolino zur Verfügung stellt. Die Steigungen sind auch bald geschafft, und schon geht's auf einsamen Wegen in Richtung Stadt. Nach rund 15 Kilometern schlägt das GPS als Strecke einen Schotterfahrradweg vor, der sich idyllisch entlang des Kanals Biffis bis nach Bussolengo schlängelt. Von dort fährt man abermals auf einer Nebenstraße direkt ins Zentrum von Verona hinein, wo man sich unter das veronesische Fahrradvolk mischen kann.

Wer auf dem Rückweg keine Lust mehr aufs Radl hat, der nimmt so einfach wie gemütlich den Linienbus nach Bardolino.

Weitere Informationen

Verona- und andere Fahrradtouren ab Bardolino bietet der Reiseveranstalter Europlan an. Pro Tag 30 € mit Fahrradverleih, 8 € mit dem eigenen Fahrrad, jeweils inkl. GPS, Taschen und Helm. Tel. 045/620 94 44, www.europlan.it

Wer nicht mit dem Fahrrad anreist, kann sich auch in der Stadt eines mieten, etwa bei Rent a Bike, Corso Cavour 13 A, Tel. 045/800 56 81, pro Tag 20 €. Auch einige Hotels bieten ihren Gästen einen kostenfreien Fahrradverleih an.

Ob beim Bummel durch die Altstadtgassen von Salò (oben), beim Shopping in Malcesine (rechts oben) oder bei einem Limoncello in Limone (rechts): Urlaub am Gardasee ist Erholung pur.

Service

Praktische Informationen für die Reise und einiges Wissenswerte über den Gardasee und das Trentino.

Anreise

Auto: Alle Wege an den Gardasee führen über München und von dort über die A 8 oder bei Stau die A 95 nach Innsbruck zum Brennerpass. Die folgende italienische A 22 (Brennerautobahn) verlässt man zwischen Mezzocorona und Rovereto-Nord für Touren ins Trentino. Rovereto-Sud heißt die Ausfahrt für den nördlichen Teil des Sees, Affi die für den südlichen. Für Verona nimmt man am besten die Ausfahrt Verona-Nord. Lediglich für einige Urlauber im Südwesten Deutschlands lohnt auch die Überlegung Füssen/Reutte/Fernpass oder Bregenz/Arlbergtunnel nach Innsbruck oder die Variante über die Schweiz via Lugano/Mailand und die italienische A 4 Richtung Venedig zu den Ausfahrten Desenzano, Sirmione oder Peschiera. Sowohl die österreichischen und italienischen als auch die Schweizer Autobahnen sind mautpflichtig. Zwischen Innsbruck-Süd und Brenner wird noch eine Spezialmaut erhoben, weshalb diese Strecke ohne Vignette befahren werden darf, was interessant ist für Leute, die über die A 95 kommen.

Bahn: Tagsüber stehen alle zwei Stunden Verbindungen mit Euro-City-Zügen ab und bis München nach Trento, Rovereto, Verona (mit Anschluss nach Peschiera, Desenzano und weiter nach Milano) zur Auswahl. Da diese Verbindungen von der deutschen oder österreichischen Bahn betrieben werden, ist an italienischen Schaltern kein Vorverkauf der Tickets möglich.

Flugzeug: Lufthansa fliegt ab Frankfurt, Air Dolomiti ab München und Wien, Germanwings ab Köln nach Verona. Bergamo liegt zwar knapp 100 km vom Südteil des Gardasees entfernt, aber Ryanair fliegt die Strecke von Hahn manchmal fast umsonst.

Auskunft

In Deutschland: Italienische Zentrale für Tourismus ENIT, Barckhausstraße 10, D-60325 Frankfurt am Main, Tel. 0049/69/23 74 34, frankfurt@enit.it, www.enit.de
In Österreich: Italienische Zentrale für Tourismus ENIT, Mariahilfer Straße 1b, 1060 Wien, Tel. 0043/01/5051639, vienna@enit.it, www.enit.at

Info

Daten & Fakten

Einwohner: Knapp 200 000 Einwohner wohnen an den Ufern des Gardasees und an den umliegenden Hängen. Im Trentino sind es rund 525 000, in Verona etwa 260 000.

Geografie: Mit einer Fläche von knapp 370 km² ist der Gardasee der größte See Italiens. Das venetische Ostufer wird von dem bis zu 2218 m hohen Monte-Baldo-Massiv beherrscht, an das sich die Riviera degli Olivi bei Malcesine anschließt. Weiter südlich, auf der Höhe von Bardolino, prägen Weinreben die Landschaft. Die Südspitze des Sees bei Sirmione ist von fruchtbaren Moränenhügeln umgeben. Die bis zu 2000 m aufragenden Berge der Brescianer Voralpen bestimmen das Bild des lombardischen Westufers. Von Salò bis Gargnano erstreckt sich die Brescianer Riviera mit mildem Klima und subtropischer Flora. Das klimatisch begünstigte Etschtal im Trentino bietet beste Voraussetzungen für eine ertragreiche Landwirtschaft. Die eindrucksvollsten Hochgebirgsregionen des Trentino sind die Dolomiten und die westlich der Etsch gelegene Brenta-Gruppe.

Verwaltung: Drei Provinzen teilen sich den Gardasee. Der Norden gehört zum Trentino, der Westen zu Brescia, der Osten zu Verona. Analog dazu reihen sich die Regionen Südtirol-Trentino, Lombardei und Venetien um den See.

Politik: Italien ist seit dem Jahr 1946 eine parlamentarische Demokratie, Staatsoberhaupt der für 7 Jahre gewählte Staatspräsident. In Norditalien, inklusive Trentino, Gardasee und Verona, ist derzeit die rechtspopulistische Lega Nord die stärkste politische Kraft. Auf Regionalebene erzielte sie zuletzt mehr als 35 % der Stimmen in Venetien, 26 % in der Lombardei, 11 % im Trentino. Auf Provinzebene stellt die Lega Nord mit 57,3 % Stimmenanteil den Bürgermeister Veronas (Amtsinhaber Flavio Tosi trat allerdings 2015 im Streit mit Lega-Chef Matteo Salvini aus der Partei aus).

Wirtschaft: Der Tourismus mit jährlich knapp 6 Mio. Gästen, davon etwa zwei Drittel aus Deutschland, ist der wichtigste Erwerbszweig rund um den Gardasee. Mehr als 90 % des Geschäfts konzentriert sich aufs Sommerhalbjahr zwischen Ostern und September. Daher ist auch der Landwirtschaftssektor nicht zu unterschätzen, insbesondere der Wein- und Olivenanbau am Gardasee. Im Trentino sind Obst-, Gemüse-, Wein-, Milch- und Viehwirtschaft wirtschaftlich bedeutender als der Tourismus. In Verona ist der Dienstleistungssektor dominant.

Schöner Wohnen: im – inmitten eines großen Parks direkt am See gelegenen – Grandhotel Fasano in Gardone Riviera.

In der Schweiz: Italienische Zentrale für Tourismus ENIT, Uraniastraße 32, CH-8001 Zürich, Tel. 0041/434664040, zurich@enit.it, www.enit.it. Der Gardasee ist politisch in drei Provinzen aufgeteilt. Der Norden gehört zum Trentino, der Westen zu Brescia, der Osten zu Verona. Aus diesem Grund gibt es keine übergeordnete Informationsstelle.
Auf den Infoseiten in diesem Heft ist bei jeder Ortschaft auch der entsprechende Tourismusverband aufgeführt.

Behinderte

Für körperlich behinderte Menschen ist der Gardasee nicht unbedingt ein empfehlenswertes Urlaubsziel. In den Dörfern überwiegt Kopfsteinpflaster, die Strände sind für Rollstuhlfahrer fast alle unzugänglich. Im Trentino werden viele behindertengerechte Zimmer angeboten. In Verona sind öffentliche Einrichtungen fast alle rollstuhlgerecht ausgebaut.

Essen und Trinken

Eine Küche wie die am Gardasee gebräuchliche (basierend auf Olivenöl, Fisch, Pasta und Wein) passt heutzutage nahezu perfekt zu modernen Ernährungsanforderungen. In Verona ist das Angebot großstädtisch und damit breitgefächerter, im Trentino geht's deutlich deftiger zu. Aber für alle in diesem Heft vorgestellten Regionen gilt: Es schmeckt!
Essenszeiten: *La Colazione*, das Frühstück, wird außerhalb der Touristenhotels mit ihren Büffets schnell abgehandelt. Ein Caffè, ein Brioche und ein Blick in die Zeitung, alles im Stehen an der Bar – fertig! Mittags – für *il Pranzo* – nimmt man sich schon mehr Zeit. Drei Gänge mit Wein sind durchaus üblich. Während *la Cena*, das Abendessen, zelebriert wird. Zwei bis drei Stunden für vier bis fünf Gänge und nicht nur einem Fläschchen sind keine Seltenheit.
Regionale Speisen: Eine typische Vorspeise am Lago ist Hecht mit Sauce, *Luccio in Salsa*, wobei letztere aus in Olivenöl gebratenen Sardinen gewonnen und mit Kapern und Zwiebeln verfeinert wird. Dazu gibt's Polenta, selten als frischer Maisbrei, sondern meist als geröstete

Scheiben. Auf jeder Karte zu finden ist Caprese, der beliebte Salat aus Tomaten, Basilikum, (wenn möglich Büffel-)Mozzarella und Olivenöl (aber ohne Balsamico). Wurstplatten werden ebenfalls gern als Vorspeise gereicht, besonders im Trentino, aber auch in Verona.
Zu den Pastaklassikern gehören *Bigoli con le sarde* – dicke, hausgemachte Spaghetti mit Sardinen, Olivenöl und Petersilie. Typisch sind auch Tagliatelle mit unterschiedlichen Pilzen, meist Pfifferlingen. Unbedingt probieren sollte man *Strangolapreti*, Spinatnocken mit Butter und Salbei. In Verona liebt man *Pasta e fasoi*, Nudeln mit Bohnen. Ansonsten stehen alle möglichen Sorten von Nudeln mit Sugo auf der Karte, mit Tomatensauce, Hackfleischsauce, Salsiccia-Sauce, mit Knoblauch, Peperoni und Olivenöl oder auch mal mit weißem Kaninchenragu ohne Tomaten. Lecker schmeckt das *Risotto alla tinca*, das bekannte Schleien-Risotto vom Lago. Immer ein Genuss, auch wenn's nicht vom Gardasee kommt: *Risotto alla milanese* mit Safran.
Als Hauptgerichte werden meist Fleisch oder Seefisch vom Grill gereicht – von den fast 40 Gardaseefischen findet man jedoch selten andere auf der Karte als Forelle oder Blaufelchen, es sei denn, man reserviert einen Platz in einem Fischspezialitäten-Restaurant wie „Al Pescatore" am kleinen Hafen von Castelletto di Brenzone. Regionale Besonderheiten beim Fleisch sind Kaninchenbraten am Obersee, Pferdefleisch in Verona oder trentinische *Carne salada*, am besten *con fagioli* – also Salzfleisch mit braunen Bohnen.
Beim Nachtisch geht es wie überall in Italien um Gelati und Semifreddo, Torta und Tartufo, Pannacotta und Zabaione. Vom Obstsalat, *Macedonia*, muss dagegen in neun von zehn Fällen abgeraten werden: Da steckt meistens Dosenware dahinter … Eine durchaus empfehlenswerte Alternative ist eine Käseplatte mit diversen Sorten aus der jeweiligen Gegend.
Weine der Region: „Eccelente Marzemino" ließ schon Mozart in „Don Giovanni" singen, und wirklich, der Marzemino aus dem Weinanbaugebiet Vallagarina und der ebenfalls tiefrote Teroldego von den Hängen oberhalb des Etschtals sowie der ausschließlich im Valle dei Laghi kultivierte weiße Nosiola sind die Stars im Trentino. An den Ufern des Gardasees ge-

deihen die Trauben für den roten Bardolino in den Varianten Classico, Chiaretto (Rosé), Novello und – sehr empfehlenswert – Superiore. Das Produktionsgebiet umfasst Bardolino und Garda sowie teilweise Lazise. Dort wächst auch der Bianco di Custoza, dessen Zentrum aber eher in Sommacampagna, Villafranca, Valeggio sul Mincio und Peschiera anzusiedeln ist. Der deutlich feinere Lugana wird aus Trebbiano-Trauben rund um Lugana, einem Ortsteil von Sirmione am südlichen Ende des Sees, gewonnen. Markant ist seine strohgelbe Farbe. Noch weiter westlich wachsen um Moniga herum die Reben für den leichten Rosé Chiaretto. Aus Venetien kommen nicht nur weitaus bekanntere, sondern auch weitaus bessere Tropfen. Gilt der Valpolicella Classico hierzulande eher als Massenware, so schnalzen beim Namen Amarone della Valpolicella selbst versierte Weinkenner mit der Zunge. Der ursprünglich süße Wein wird durch langsame Gärung und konsequent trockenen Ausbau erst zu dem rubinroten, würzig-trockenen Wein mit mindestens 14 % Alkoholgehalt, der auf einer Stufe steht mit Barolo oder Brunello. Der Soave schließlich liegt im Osten der Veroneser Hügellandschaft und umfasst 13 Gemeinden, aus denen der gleichnamige leichte Weiße mit einem bisweilen grünlichen Schimmer kommt.

Feiertage und Feste

Die offiziellen Feiertage entsprechen weitgehend denen in Deutschland. Es sind Neujahr (1. Jan.), der Dreikönigstag (6. Jan.), der variable Ostermontag, der Tag der Befreiung (25. April), der Tag der Arbeit (1. Mai), der variable Pfingstmontag, der Nationalfeiertag (2. Juni), Mariä Himmelfahrt (15. Aug.), Allerheiligen (1. Nov.), Mariä Empfängnis (8. Dez.), Weihnachten (25. und 26. Dez.) und Silvester (31. Dez.).
Unter den ortsübergreifenden Festen ist im Februar der **Karneval** hervorzuheben, der besonders in Verona noch einen Touch von Venedig hat. Ebenfalls in Verona sind die **Opernfestspiele** von Juni bis September immer ein Erlebnis, im Oktober die **Weinfeste** (siehe Bardolino), im November die **Olivenölfeste** (siehe Castelletto di Brenzone), im Dezember die **Vorweihnachtszeit** mit vielen Weihnachtsmärkten und Krippenausstellungen sowie das ganze Jahr über die Kirchweihfeste.

Geld und Kreditkarten

Die Versorgung mit Bargeld wird durch ein dichtes Netz an Geldautomaten gewährleistet. Kreditkarten werden in fast allen Hotels, Restaurants und Geschäften akzeptiert. Manche Hotels am Gardasee gewähren den Kunden bei Barzahlung 3 % Skonto auf die Rechnung.

Gesundheit/Notruf

Die Europäische Krankenversicherungskarte erleichtert den Bürgern aus den EU-Mitglied-

Oberhalb von Gardone, am Westufer des Gardasees, kann man auch am späten Nachmmittag noch schön die Sonne genießen.

Info

Geschichte

Ab 2000 v. Chr.: Die ersten Zeugnisse einer Besiedlung des Gardaseegebietes gehen auf die Bronzezeit zurück. Pfahlbauten bei Malcesine, Pai und am Ledrosee sowie frühgeschichtliche Felszeichnungen am Monte Baldo und am Tennosee dienen als Beleg.

1000 v. Chr.: Veneter besiedeln die Südalpen.

600 v. Chr.: Etrusker verdängen die Veneter.

500 v. Chr.: Die Kelten kommen über die Alpen bis an den Gardasee und vermengen sich mit den Etruskern.

Ab 191 v. Chr.: Die Römer erobern Norditalien. Der Gardasee wird Teil der römischen Provinz Gallia Cisalpina und der See erhält den römischen Namen Lacus Benacus.
Bis zum Fall des Römischen Reiches um das Jahr 500 n. Chr. werden vor allem am südlichen Seeufer zahlreiche römische Villen und Thermalbäder errichtet.

89 v. Chr.: Verona mausert sich zu einer bedeutenden Handelsstadt und erhält die Rechte einer römischen Kolonie. Die Gemeinden in Oberitalien bekommen die römischen Bürgerrechte zugestanden.

313: Das Christentum wird römische Staatsreligion, Verona und Trient werden zu Bischofssitzen.

395: Teilung des Römischen Reiches. Norditalien fällt an Westrom.

404: Ravenna wird Hauptstadt Norditaliens.

452: Die Truppen des Hunnenkönigs Attila verwüsten Verona.

476: Ende des Weströmischen Reiches. Die Germanen erobern Norditalien.

568: Die Langobarden übernehmen die Macht in Norditalien und wählen Brescia als ihren Königssitz.

774: Karl der Große erobert das Langobardenreich und gliedert es ans Frankenreich an.

872: Gründung von Reichsitalien innerhalb des Frankenreichs.

951: Auf Gesuch von Papst Johann XII. nimmt Otto I. Reichsitalien ein und erklärt es zu einem Teil des Heiligen Römischen Reichs Deutscher Nation. Verona und Gardasee gehören nun zu Bayern.

1000: Die reichen norditalienischen Städte streben nach Autonomie. Es entstehen unabhängige Stadtrepubliken, das Trentino bleibt jedoch der Krone treu.

1168: Bildung des Lombardischen Bundes der norditalienischen Städte.

1183: Die Selbstverwaltung der Bundesstädte wird anerkannt.

1259: Die Herrschaft der kaisertreuen Skaliger verschafft Verona und dem Gardaseegebiet einen wirtschaftlichen Aufschwung.

1387: Die Mailänder übernehmen die Herrschaft über Verona und den Gardasee. Den Seegemeinden wird das Recht einer gemeinsamen Selbstverwaltung zugestanden.

1428: Venedig erobert Brescia.

1437: Auch Verona und der Gardasee fallen nun an Venedig.

1545: Das Konzil von Trient wird im Zeichen der Gegenreformation eröffnet. Es dauert mit Unterbrechungen bis ins Jahr 1563.

1705: Das Trentino fällt im Spanischen Erbfolgekrieg zeitweilig unter französische Kontrolle.

1796: Napoleon I. erobert Norditalien. Das westliche Gardaseeufer geht an die von Napoleon gegründete Cisalpinische Republik, das Ostufer und Verona gehören zu Österreich.

1800: Auch das Trentino gehört nun zu Österreich.

1815: Nach dem Sturz Napoleons bestätigt der Wiener Kongress, dass die Lombardei und Venetien Österreich zustehen.

1818: Die italienische Einigungsbewegung Risorgimento drängt auf ein Ende der österreichischen Herrschaft.

1861: Das Königreich Italien wird gegründet. Österreich muss nach erbitterten Schlachten die Lombardei und Venetien an Italien abtreten. Das Trentino mit Riva bleibt noch Teil von Österreichs k. u. k.-Monarchie.

1914: Beginn des Ersten Weltkriegs. Für die Region bedeutet dies einen erbittert geführten Stellungskrieg in den Bergen rund um das nördliche Gardaseeufer.

1919: Nach dem Ersten Weltkrieg verliert Österreich im Frieden von Saint-Germain auch das nördliche Gardaseeufer, Trient und Südtirol. Das vereinte Italien reicht jetzt bis zur Grenze am Brenner.

1940: Eintritt Italiens in den Zweiten Weltkrieg.

1943: Italien erklärt unter der Regierung Badoglio Deutschland den Krieg. Nach seinem Sturz in Rom ruft Mussolini die Italienische Sozialrepublik unter Protektion des Deutschen Reiches aus. Hitlers Satellitenstaat wird auch „Republik von Salò" genannt, weil das kleine Salò am Gardasee die Hauptstadt war.

1945: Mit dem Ende des Zweiten Weltkriegs sind die Republik von Salò und Mussolini am Ende. Nach heftigen Kämpfen wird Mussolini auf der Flucht bei Como erschossen.

1946: Italien wird Republik. König Vittorio Emanuele III. dankt ab.

1947: Südtirol und das Trentino werden vereinigt.

1972: Südtirol-Trentino wird weitreichende Autonomie zugestanden.

1989: Gründung der Lega Nord.

1992: Korruption, Amtsmissbrauch und Bestechungsaffären führen dazu, dass die Democrazia Cristiana erstmals nach dem Zweiten Weltkrieg die Parlamentswahlen verliert. Sieger wird die Forza Italia mit Berlusconi an der Spitze und der Lega Nord als Bündnispartner.

1993: Die Ringkanalisation rund um den Gardasee ist fertiggestellt.

2002: Die erste Seilbahn mit Drehgondeln fährt von Malcesine auf den Monte Baldo.

2007: Erster Gardasee-Marathonlauf.

2008: Der Vorspann zum James-Bond-Film „Ein Quantum Trost" wird am nördlichen Teil des Sees gedreht.

2010: Die Kicker des FC Bayern München kommen erstmals zum Trainingslager nach Riva del Garda und seitdem in jedem Sommer.

2011: Arco wird Austragungsort der Climbing World Championship.

2012: Bei den Kommunalwahlen wird Flavio Tosi mit 57,3 % der Stimmen als Bürgermeister von Verona im Amt bestätigt.

2014: Der frühere Ministerpräsident Silvio Berlusconi tritt nach seiner Verurteilung wegen Steuerbetrugs statt einer Haftstrafe einen Sozialdienst in einem Altersheim in Mailand an.

2015: Veronas Bürgermeister Flavio Tosi tritt aus der Lega Nord aus. Er kritisiert u.a. die zu sehr an Marie Le Pen orientierte Ausrichtung der Partei auf nationaler Ebene.

Info

Reisedaten

Flug von Deutschland: Von Frank-furt-Hahn nach Bergamo ab 9,99 € mit Ryanair, von München nach Verona ab 200 € mit Air Dolomiti.
Inlandsverkehr: Von Verona nach Venedig mit der Bahn etwa 15 €.
Reisepapiere: Personalausweis
Währung: Euro
Sprache: Italienisch, im Trentino und am Gardasee wird fast überall Deutsch verstanden. In Verona kommt man bes-ser mit Englisch durch.
Mietwagen: Ab 65 € am Tag, ein Cabrio ab 80 €. Motorroller gibt's ab 50 € pro Tag.
Benzin: 1 Liter Super bleifrei kostet ca. 1,75 €.
Unterkunft: Einfach ab 60 €, mittel ab 80 €, gehoben ab 120 €, jeweils pro Doppelzimmer mit Frühstück. Ein Feri-enhaus kostet ab 400 € pro Woche. Ein Zelt und 2 Personen kosten auf dem Campingplatz rund 25 € pro Nacht.
Ortzeit: Es gilt MEZ, im Sommer MSZ.

staaten den Zugang zu medizinischen Versor-gungsleistungen während eines vorübergehen-den Aufenthalts im Ausland.
Privatpatienten werden gegen Barbezahlung oder Kostenübernahmegarantie der privaten Krankenkasse (geht per Fax) behandelt. Kran-kenhäuser gibt es am Gardasee in Malcesine, Peschiera und Desenzano, außerdem mit sehr gutem Ruf das Ospedale di Trento in Trient, Ro-vereto, Arco, Gavardo bei Salò, Bussolengo bei Verona und in Verona.
Notaufnahme heißt *Pronto Soccorso*. Deutsch-sprachige Ärzte und Zahnärzte findet man in der kostenlos in Hotels ausliegenden „Garda-see Zeitung".
Apotheken erkennt man am grünen Kreuz je-der *Farmacia*. Die in ganz Italien gültige **Sani-tätsnotrufnummer** lautet 118. In dringenden Notfällen wählt man jedoch besser die kosten-lose 112, weil dort meist auch in Englisch kom-muniziert werden kann.

Hotel/Unterkunft

Preiskategorien

€ € € €	Doppelzimmer	über 200 €
€ € €	Doppelzimmer	120 – 200 €
€ €	Doppelzimmer	80 – 120 €
€	Doppelzimmer	50 – 80 €

Empfehlungen und Adressen siehe Infoseiten der vorangegangenen Kapitel.

Kinder/Vergnügungsparks

Besonders der Süden des Gardasees mit sei-nen flachen Stränden und Vergnügungsparks ist ein Eldorado für Kinder. Im Trentino und in Verona ist für genügend Abwechslung für die Kleinen gesorgt. Außerdem ist Italien generell ein kinderfreundliches Land, sodass es etwa in Restaurants selten Stress gibt.

Öffnungszeiten

Kernöffnungszeiten sind generell 8.00–12.00 und 15.00–19.00 Uhr. In der Hochsaison haben aber viele Geschäfte am Gardasee durchge-hend geöffnet, zum Teil bis 22.00 Uhr.

Reisezeit und Wetter

Am Gardasee und in Verona herrscht ein medi-terranes Binnenklima. Am See fällt nur ganz selten Schnee, die Temperaturen erreichen fast nie den Gefrierpunkt. In den Sommermonaten hingegen steigt das Thermometer tagsüber im-mer wieder auf mehr als 30 Grad an, und es ist auch nachts noch angenehm warm. Saison ist von Ostern bis September, aber auch im Winter kann man herrliche Wintersonnentage erleben und auf dem Monte Baldo sogar Ski fahren. Im Trentino ist das Klima sehr unterschiedlich – kein Wunder bei Höhenunterschieden bis zu 3000 m. Es reicht hier von mild und mit dem Gardasee vergleichbar in den südlichen Tälern

bis hin zu nordisch-alpin in den Höhenlagen mit kurzen Sommern und langen, kalten Win-tern. Die Wintersportsaison beginnt im Dezem-ber und endet im April. Sommersaison ist von Ostern bis September.

Restaurants

Preiskategorien

€ € € €	Hauptspeisen	über 20	€
€ € €	Hauptspeisen	15 – 20	€
€ €	Hauptspeisen	10 – 15	€
€	Hauptspeisen	bis 10	€

Empfehlungen und Adressen siehe Infoseiten der vorangegangenen Kapitel.

Telefon und Internet

Die Ländernummer für Telefonate aus dem Ausland nach Italien ist 0039. Anschließend wählt man die gewünschte komplette italie-nische Telefonnummer, inklusive der Vorwahl-Null. Das Handy funktioniert fast überall. Die Ländernummer für Gespräche nach Deutsch-land aus Italien ist 0049. Anschließend wählt man die gewünschte komplette deutsche Tele-fonnummer ohne die Vorwahl-Null. **Die wich-tigsten Notrufnummern** sind: Polizei 113,

Tagliatelle mit Pilzen? Lecker! Und ein guter Rotwein gehört natürlich auch dazu. Ganz unten: Blick auf die Bucht von Salò mit dem Duomo.

Feuerwehr 115, Sanitätsnotruf (Notarzt) und Rettungsdienst 118. Viele Bars und Hotels bieten W-Lan-Internetzugang.

Verkehrsmittel

Auto: Am Gardasee sind an den Markttagen Staus in den jeweiligen Ortschaften in beide Richtungen die Regel. Gleiches gilt für Samstag- und Sonntagabende am Ende eines schönen Badetags, wenn es für viele Italiener wieder heimwärts in Richtung Trient oder Verona geht. Die Parksituation ist überall schwierig. Gelb markierte Bordsteine bedeuten: Parken verboten. Wurden sie blau markiert, sind die Parkzeiten zeitlich limitiert. Knöllchen, die in Italien ausgestellt wurden, werden auch in Deutschland eingetrieben. Verkehrswidrigkeiten sind in Italien generell mit deutlich höheren Bußgeldern belegt als in Deutschland. Die Promillegrenze liegt bei 0,5. Als Höchstgeschwindigkeiten gelten 50 km/h innerorts, 90 auf Landstraßen und 130 auf Autobahnen. Es muss überall und jederzeit mit Abblendlicht gefahren werden. Das Mitführen einer Warnweste ist Pflicht. Gelbe Notrufsäulen stehen an den Autobahnen in Abständen von 2 km am Straßenrand. Die kostenfreie, zu jeder Zeit besetzte Telefonleitung des italienischen Automobilclubs ACI ist 80 31 16. An Tankstellen kann auch außerhalb der Öffnungszeiten mit Bargeld getankt werden; die Maschinen akzeptieren allerdings in der Regel keine ausländischen Kredit- oder Geldkarten.

Bus: Jeder Ort am Gardasee ist (ca. im 60 Min.-Takt) per Bus erreichbar. Verona hat ebenfalls ein gutes Bussystem.

Motorboot: Besitzer können sich unter www.gardasee.de/sport-am-gardasee/motorboot_vorschriften.html die Regeln herunterladen.

Motorroller und Fahrrad: Sind aufgrund der Verkehrs- und Parksituation je nach zu bewältigender Distanz am Gardasee und in Verona empfehlenswert.

Schiff: Jeder Ort am Gardasee ist auch per Schiff erreichbar. Fahrplan und Preise unter www.navigazionelaghi.it.

Wasserqualität

Jedes Jahr werden an 65 Badestränden Wasserproben vom Regionalamt für Umweltschutz entnommen. Alle gemessenen Werte entsprechen den Richtlinien und die Ergebnisse für den nördlichen, mittleren und südlichen See sind homogen. Gelegentlich auftretender Schaum wird als natürlicher Dekompositionsprozess von Pflanzen im Wasser erklärt. Die genauen Ergebnisse finden Sie hier: www.arpaveneto.it, www.aslbrescia.it.

Wetterdaten

Riva del Garda

	TAGES-TEMP. MAX.	TAGES-TEMP. MIN.	WASSER-TEMP.	TAGE MIT NIEDER-SCHLAG	SONNEN-STUNDEN PRO TAG
Januar	5°	1°	8°	5	3
Februar	7°	1°	6°	5	4
März	12°	4°	8°	7	5
April	17°	9°	10°	9	5
Mai	20°	13°	13°	11	6
Juni	24°	17°	18°	10	7
Juli	27°	19°	20°	8	8
August	26°	18°	21°	8	7
September	22°	15°	19°	7	6
Oktober	16°	10°	16°	8	6
November	11°	5°	12°	8	3
Dezember	6°	2°	10°	6	3

Wenn es Nacht wird in Riva del Garda, legt sich ein ganz besonderer Zauber über den See.

Register

Fette Ziffern verweisen auf Abbildungen

Impressum

4. Auflage 2016
© DuMont Reiseverlag, Ostfildern

Verlag: DuMont Reiseverlag, Postfach 3151, 73751 Ostfildern, Tel. 0711/4502-0, Fax 0711/4502-135, www.dumontreise.de
Geschäftsführer: Dr. Thomas Brinkmann, Dr. Stephanie Mair-Huydts
Programmleitung: Birgit Borowski
Redaktion: Robert Fischer (www.vrb-muenchen.de)
Text: Jochen Müssig
Exklusiv-Fotografie: Michael Riehle
Titelbild: laif/Berthold Steinhilber
Zusätzliches Bildmaterial: S. 4 l. Udo Bernhart, 6 l. DuMont-Bildarchiv/Thilo Weimar, 8/9 DuMont-Bildarchiv/Thilo Weimar, 10/11 Tobias Gerber/laif, 14/15 Bildagentur Huber/Cogoli Franco, 16/17 DuMont-Bildarchiv/Thilo Weimar, 18 r. Jochen Müssig, 19 l.o. huber-images.de/Huber Hans-Peter, 19 l.u. Dieter Zinn/laif, 19 r.o. Ingolf Pompe / LOOK-foto, 20/21 Wolfgang Ehn / LOOK-foto, 22 l.o. Standl/laif, 22/23 M Tobias Gerber/laif, 30 TV-yesterday/Wolfgang Maria Weber, 33 r. DuMont-Bildarchiv/Udo Bernhart, 46 Jochen Müssig, 47 l.o. huber-images.de/ Raccanello Sandra, 47 r.o. Jochen Müssig, 47 r.u. huber-images.de/Udo Bernhart, 56 u. Tobias Gerber/laif, 57 o. Hans Madej/laif, 60 l.u. Tobias Gerber/laif, 62 l.u. Bildagentur Huber/S. Mezzanotte, 63 Tobias Gerber/laif, 74 u. Tobias Gerber/laif, 74/75 M Tobias Gerber/laif, 80 stockfood/Richard Sprang, 81 r.o. Udo Bernhart, 80 u. Udo Bernhart, 83 l. DuMont-Bildarchiv/Udo Bernhart, 91 Ingolf Pompe / LOOK-foto, 111 l.o. Jochen Müssig, 111 l.u. Jochen Müssig, 111 r. Jochen Müssig, 113 l.o. DuMont-Bildarchiv/Sabine Lubenow, 113 r.o. DuMont-Bildarchiv/ Axel M. Mosler, 114 r. DuMont-Bildarchiv/Thilo Weimar, 115 u. Bildagentur Huber/ Lubenow, 115 (Tipp) DuMont-Bildarchiv/Thilo Weimar, 116 l. DuMont-Bildarchiv/ Thilo Weimar, 118 DuMont Bildarchiv/Udo Bernhart, 119 l.o. Stockfood, 120 Getty Images/mattia.bonavida@gmal.com
Grafische Konzeption, Art Direktion, Layout: fpm factor product münchen
Cover Gestaltung: Neue Gestaltung, Berlin
Kartografie: © MAIRDUMONT GmbH & Co. KG, Ostfildern
Kartografie Lawall (Karten für „Unsere Favoriten")
DuMont Bildarchiv: Marco-Polo-Straße 1, 73760 Ostfildern, Tel. 0711/4502-266, Fax 0711/4502-1006, bildarchiv@mairdumont.com

Für die Richtigkeit der in diesem DuMont Bildatlas angegebenen Daten – Adressen, Öffnungszeiten, Telefonnummern usw. – kann der Verlag keine Garantie übernehmen. Nachdruck, auch auszugsweise, nur mit vorheriger Genehmigung des Verlages. Erscheinungsweise: monatlich.

Anzeigenvermarktung: MAIRDUMONT MEDIA,
Tel. 0711 450 23 33, Fax 0711 45 02 10 12, media@mairdumont.com, http://media.mairdumont.com
Vertrieb Zeitschriftenhandel: PARTNER Medienservices GmbH, Postfach 810420, 70521 Stuttgart, Tel. 0711 72 52-212, Fax 0711 72 52-320
Vertrieb Abonnement: Leserservice DuMont Bildatlas, Zenit Pressevertrieb GmbH, Postfach 810640, 70523 Stuttgart, Tel. 0711/7252-265, Fax 0711/7252-333, dumontreise@zenit-presse.de
Vertrieb Buchhandel und Einzelhefte:
MAIRDUMONT GmbH & Co. KG, Marco-Polo-Straße 1, 73760 Ostfildern, Tel. 0711 45 02 0, Fax 0711 45 02 340
Reproduktionen: PPP Pre Print Partner GmbH & Co. KG, Köln
Druck und buchbinderische Verarbeitung: NEEF + STUMME premium printing GmbH & Co. KG, Wittingen, Printed in Germany

FSC
www.fsc.org
MIX
Papier aus verantwortungsvollen Quellen
FSC® C001857

Es gibt sie selbst auf Mallorca, einsame Buchten, in denen man die herrliche Natur (fast) für sich allein hat.

In Wiesbaden versteht man zu leben und zu genießen – ein Schwatz am Abend gehört unbedingt dazu.

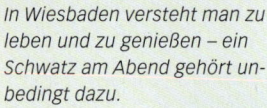

Wiesbaden
Rheingau

Stadt der Superlative
Technik, Architektur, Sport und Kultur oder auch Kulinarisches, nahezu in jedem Bereich hat Wiesbaden Außergewöhnliches zu bieten – lassen Sie sich überraschen ...

Picknick und Kunsterlebnis
Die Winzer im Rheingau offerieren weit mehr als nur gute Weine.

Ungewöhnliche Domizile
Wie wäre es mit einer Übernachtung im Weinfass, in einem alten Bahnhof oder doch lieber in einem historischen Luxushotel?

Mallorca

Vamos a la Playa
Die Partystrände von Palma und S'Arenal sind nicht jedermanns Sache. Aber es gibt tolle Strandalternativen von karibisch-paradiesisch bis wild-romantisch.

Natur pur
Mallorca ist ein Paradies für Wanderer und Radler. Folgen Sie unseren Tourenvorschlägen auf der Lieblingsinsel der Deutschen.

Essen mit Aussicht
Frischer Fisch, ein Glas Wein und Meerblick, die Lieblingsadressen unseres Autors.

www.dumontreise.de